Marketing mit Duftstoffen

Von

Professor
Dr. Hans Knoblich
und
Dr. Bernd Schubert
Institut für Marketing und Handel
Universität Göttingen

2. Auflage

R. Oldenbourg Verlag München Wien

Die Deutsche Bibliothek – CIP-Einheitsaufnahme

Knoblich, Hans:
Marketing mit Duftstoffen / von Hans Knoblich und Bernd
Schubert. – 2. Aufl. – München ; Wien : Oldenbourg, 1993
  ISBN 3-486-22523-5
NE: Schubert, Bernd:

© 1993 R. Oldenbourg Verlag GmbH, München

Das Werk einschließlich aller Abbildungen ist urheberrechtlich geschützt. Jede Verwertung außerhalb der Grenzen des Urheberrechtsgesetzes ist ohne Zustimmung des Verlages unzulässig und strafbar. Das gilt insbesondere für Vervielfältigungen, Übersetzungen, Mikroverfilmungen und die Einspeicherung und Bearbeitung in elektronischen Systemen.

Gesamtherstellung: Rieder, Schrobenhausen

ISBN 3-486-22523-5

Inhaltsverzeichnis

Verzeichnis der Abbildungen IX
Verzeichnis der Tabellen XI
Verzeichnis der Abkürzungen XII

Einführung 1

I. Düfte: Physiologische Grundlagen und Entscheidungsparameter im Marketing 5

1. Physiologische Grundlagen 5
1.1 Das olfaktorische System und das Gedächtnis für Gerüche 5
1.2 Klassifizierung und Beschreibung von Düften 5
1.3 Düfte als Bestimmungsfaktoren des Konsumentenverhaltens 10
1.3.1 Verhaltensbiologische Grundlagen 11
1.3.2 Aktivierungs- und Lernprozesse 14
1.3.3 Aktivierung von Duftwahrnehmung 17
1.3.4 Wiedererkennen von Duft und Duftpräferenz 18
1.3.5 Erlebniswirkungen 19

2. Düfte als Entscheidungsparameter im Marketing 21
2.1 Düfte als Träger von Produktinformationen 21
2.2 Zusammenfassende Darstellung der olfaktorischen Prozesse in ihrer Relevanz für das Marketing 23
2.3 Berücksichtigung von Düften und Duftstoffen in der Marketing-Literatur 25

II. Düfte als präferenzbildende Produkteigenschaft in der Produktgestaltung 28

1. Produktgestaltung als ganzheitlicher Prozeß 29
2. Eigenschaftsbündel als Grundlage der Produktgestaltung 31
2.1 Das Produktmodell von Myers und Shocker 31
2.2 Eigenschaftskategorien 32
    Exkurs: Alternative Einteilungskonzepte 33
2.3 Bewertungsfunktionen für die Eigenschaftskategorien 34
3. Eigenschaftskategorien im Perzeptions- und Präferenzbildungsprozeß . 36
3.1 Prinzipien menschlichen Informationsverhaltens 36
3.2 Der Perzeptionsbildungsprozeß 39
3.2.1 Merkmale von Transformationen 40
3.2.2 Transformationen zwischen Produkteigenschaften 43

3.3	Der Präferenzbildungsprozeß	46
3.3.1	Merkmale der Präferenzbildung	47
3.3.2	Bewertungs- und Entscheidungsregeln	49
3.4	Präferenzen und weitere Determinanten des Kaufverhaltens bei Produkten mit olfaktorischen Produktkomponenten	52
4.	**Die Rolle der Eigenschaftskategorien für die Präferenzmessung**	**54**
4.1	Darstellung ausgewählter Präferenzmeßmodelle	54
4.1.1	Modelle ohne Berücksichtigung von Idealprodukten	55
4.1.2	Modelle mit Berücksichtigung von Idealprodukten	56
4.2	Zuordnung der Präferenzmeßmodelle zu den Eigenschaftskategorien	57
4.3	Aussagewert der Präferenzmeßmodelle für die Messung von Duftpräferenzen	58
5.	**Die Rolle der Eigenschaftskategorien bei der produktgestalterischen Umsetzung von Präferenzen in Produkteigenschaften**	**59**
5.1	Die Umsetzungsproblematik	60
5.2	Benefit-Zerlegung	61

III. Verfahren der Präferenzmessung in der Duftmarktforschung 66

1.	**Datenquellen der Duftmarktforschung**	**66**
2.	**Spezielle Meßprobleme in der Duftmarktforschung**	**67**
3.	**Formen primärer Datenerhebung in der Duftmarktforschung**	**71**
4.	**Ausgewählte Instrumente der Präferenzmessung im Rahmen der Duftmarktforschung**	**74**
4.1	Instrumente eindimensionaler Präferenzmessung	74
4.1.1	Einfache Beurteilungsskalen und die Methode der summierten Ratings nach Likert	74
4.1.2	Magnitudeskalierung	75
4.2	Instrumente mehrdimensionaler Präferenzmessung	77
4.2.1	Semantisches Differential	78
4.2.2	Multiattributive Präferenzmeßmodelle	81
	Exkurs: Die Methode der Conjoint-Analyse	83
5.	**Ausgewählte Instrumente der angewandten Duftmarktforschung**	**88**
5.1	„Fragrance Mapping"	88
5.1.1	Inhalte und Ziele von „Fragrance Mapping"	88
5.1.2	Die Analysestufen des „Fragrance Mapping"	90
5.2	Das Odor Evaluation Board Deutschland (OEB)	93
5.2.1	Inhalte und Zielsetzung des OEB	93
5.2.2	Vor- und Nachteile des OEB	94
5.2.3	Das Leistungsprogramm des OEB	96
5.3	Die Magnitudeskalierung in Produkttests	98
5.3.1	Die Untersuchung von Kroeber-Riel, Möcks und Neibecker	98
5.3.2	Die Untersuchung von Moskowitz und Jakobs	99

IV. Absatzpolitische Aspekte beim Einsatz von Duftstoffen 101

1. Rahmenbedingungen für den Einsatz von Duftstoffen 101
1.1 Naturwissenschaftlich-technische Aspekte bei der Auswahl von Parfümierungen 102
1.2 Soziokulturelle Einflußgrößen 105

2. Zielsetzungen beim Einsatz von Duftstoffen 106
2.1 Maskierung unerwünschter Produkteigengerüche 108
2.2 Signalisierung von produktimmanenten Eigenschaften oder Wirkungen 109
2.3 Simulierung von produktimmanenten Eigenschaften und Wirkungen .. 110
2.4 Duft als dominanter Bestandteil im Produktkonzept 110
2.5 Duft als Produktkonzept 111

3. Besondere Entscheidungsprobleme beim Einsatz von Duftstoffen in der Produktgestaltung 112
3.1 Wahl der Zielgruppe als Marketingstrategie und Auswirkungen auf die Produktgestaltung 112
3.2 Erstellung des Parfümbriefings und Anforderung von Offerten 114
3.3 Wahl einer Parfümierung 116
3.3.1 Auswahlprozeß 117
3.3.2 Entscheidungsträger 119

4. Einsatz von Duftstoffen in verschiedenen Produktbereichen 120
4.1 Kosmetika 121
4.2 Aromen als gesonderter Bereich der Kosmetik 123
4.3 Aerosole 123
4.4 Haushaltsprodukte 124
4.5 Papier- und Schreibwaren 125
4.6 Beispiele aus anderen Bereichen 126

V. Conjoint-Analyse als Instrument zur Untersuchung der Präferenzwirkung von Duftstoffen – Eine Pilotstudie 128

1. Theoretische Überlegungen zur Wahl der Conjoint-Analyse 128

2. Zielsetzung und Aufbau der Studie 130
2.1 Ziele und Pilotcharakter der Studie 130
2.2 Merkmale und Ausprägung des Untersuchungsobjekts 131
2.3 Datenerhebung 134

3. Auswertung und Interpretation der Ergebnisse 135
3.1 Beurteilung der methodischen Eignung der Conjoint-Analyse 136
3.2 Interpretation der Daten der Conjoint-Analyse 137
3.2.1 Analyse der Rangdaten in Durchschnittsbetrachtung 137
3.2.2 Analyse der Gesamtfaktoren-Bedeutung 138
3.2.3 Analyse der Faktorenbedeutung in den Ausprägungsstufen 140
3.3 Anwendungsbezogene Schlußfolgerungen 142

Anhang 146
Literaturverzeichnis 175

Vorwort

Produktqualität wird vom Konsumenten mehr und mehr als selbstverständliche Produktleistung empfunden. Entscheidend für den Erfolg der unternehmerischen Absatzpolitik wird damit weniger die objektive Beschaffenheit einer Marktleistung als vielmehr deren subjektive Wahrnehmung und Interpretation durch den Konsumenten. Der Hersteller muß daher seine Leistungen so konzipieren, daß sie Erlebniswerte vermitteln und über die Erzeugung von Präferenzen den subjektiven Bedürfnissen der Nachfrager entsprechen.

Als Träger von Produktinformationen und als präferenzbildende Produkteigenschaft sind Duftstoffe aufgrund der Besonderheiten des olfaktorischen Systems des Menschen sehr gut geeignet. Allerdings sind Duftstoffe als bewußt eingesetzte Produktkomponente – sieht man von ihrer traditionellen Verwendung in Kosmetika und Haushaltsprodukten einmal ab – noch relativ neu und sowohl dem Konsumenten als auch dem Produktgestalter im Betrieb erst wenig bekannt.

Am Institut für Marketing und Handel der Universität Göttingen ist daher ein Forschungsprojekt initiert und 1988 abgeschlossen worden, dessen Ziel es war, die Besonderheiten des Marketing mit Duftstoffen im Sinne einer ersten Bestandsaufnahme zu skizzieren und vor allem die Methoden der Messung von duftinduzierten Präferenzen kritisch zu beleuchten. Eine Pilotstudie sollte die Ergebnisse einer direkten und indirekten Messung von Duftpräferenzen gegenüberstellen. Weitere Arbeiten zu diesem Themenkomplex sind vorgesehen.

Die vorliegende Schrift will diese ersten Forschungsergebnisse präsentieren und zur Diskussion über Fragen des "Marketing mit Duftstoffen" anregen. – Die Verfasser danken Frau Dipl.-Kfm. M. Dünzel und Herrn Dipl-Kfm. K. Hassemer für die wertvolle Mitarbeit in diesem Projekt. Herr Dipl.-Hdl. W. Hapke und Frau cand. rer. pol. E. Renner haben die Textverarbeitung besorgt; hierfür gebührt ihnen ebenfalls unser Dank.

Hans Knoblich

Bernd Schubert

Verzeichnis der Abbildungen   SEITE

Abb. 1 :	Düfte als Entscheidungsparameter im Marketing	24
Abb. 2 :	Bewertungsfunktionen stetiger und diskreter "characteristics"	A[1] 147
Abb. 3 :	Empirische Befunde zur Bewertungsfunktion stetiger "characteristics"	A 148
Abb. 4 :	Bewertungsfunktionen für "benefits" und "imagery"	A 149
Abb. 5 :	Empirische Befunde zur Bewertungsfunktion für "benefits"	A 150
Abb. 6 :	Ablaufschema des Perzeptions- und Präferenzbildungsprozesses	38
Abb. 7 :	Perzeptionsbildungsprozeß	40
Abb. 8 :	Transformationen zwischen Produkteigenschaften	44
Abb. 9 :	Untermengen von Produktalternativen	47
Abb. 10 :	Die zwei Phasen der Präferenzbildung	48
Abb. 11 :	Beispiel einer Benefitzerlegung	63
Abb. 12 :	Benefitzerlegung: Vom Kundenwunsch zur Produktidee	65
Abb. 13 :	Vom theoretischen Begriff zum Skalenwert	A 151
Abb. 14 :	Itemliste zur Erstellung von Duftprofilen	80
Abb. 15 :	Microscent-Duftbeschichtung	A 152
Abb. 16 :	Ablaufschema einer Conjoint-Analyse	A 153

[1] Die mit "A" gekennzeichneten Abbildungen befinden sich im ANHANG.

Abb. 17 :	Darstellung der Imagekonzepte des Shampoos	133
Abb. 18 :	Erhebungsbogen zur Pilotstudie	A 154
Abb. 19 :	Produktbeschreibung	A 155
Abb. 20 :	Gesamtfaktorenbedeutung in aggregierter und nach Geschlecht getrennter Betrachtung	A 156
Abb. 21 :	Gesamtfaktorbedeutung in aggregierter Betrachtung	140
Abb. 22 :	Individualanalyse der Rangdaten einer Versuchsperson	A 157
Abb. 23 :	Faktorbedeutung der Ausprägungsstufen in aggregierter und nach Geschlecht getrennter Betrachtung in Teilnutzenwerten	A 158
Abb. 24 :	Faktorbedeutung der Ausprägungstufen in aggregierter Betrachtung	141

Verzeichnis der Tabellen SEITE

Tab. 1 :	Adjektivische Duftbeschreibung	9
Tab. 2 :	Ausdrücke mit allgemeinem, eher positivem Inhalt, die keine wirkliche Aussage über den Duft einer Parfümierung machen	10
Tab. 3 :	Definition der Eigenschaftskategorien	A[1] 159
Tab. 4 :	Vergleichende Übersicht der Operationalisierungen der Komponenten in Präferenzmodellen	A 160
Tab. 5 :	Ausschnitt einer Descriptorenliste für Spülmittel	A 161
Tab. 6 :	Fragrance Dictionary and Descriptor Dictionary	A 162
Tab. 7 :	Kosmetik - Verordnung vom 16.12.1977 (§§ 1 - 5)	A 163 - A 166
Tab. 8 :	Kontrolliste für das Parfümbriefing	A 167 - A 168
Tab. 9 :	Kosmetik- und Körperpflegemittelproduktion in der Bundesrepublik Deutschland 1985	A 169
Tab. 10 :	Marktvolumen "Düfte" in der Bundesrepublik Deutschland 1980-1985	A 170
Tab. 11 :	Bedeutung der Herrenkosmetik innerhalb des Gesamtmarktes "Körperpflege und Kosmetik" in der Bundesrepublik Deutschland 1976-1985	A 171
Tab. 12 :	Zusammenstellung der untersuchten Faktoren und ihrer Ausprägungsstufen in Form von 9 Produkten	134
Tab. 13 :	Rangdaten in Durchschnittsbetrachtung (insgesamt und nach Geschlecht getrennt)	A 172
Tab. 14 :	Gesamtpräferenzwerte der 27 Stimulikombinationen (aggregiert und nach Geschlecht getrennt)	A 173

---

[1] Die mit "A" gekennzeichneten Tabellen befinden sich im ANHANG.

Verzeichnis der Abkürzungen

ASW	Absatzwirtschaft
BEN	Benefit(s)
BGB	Bürgerliches Gesetzbuch
BGH	Bundesgerichtshof
CA	Conjoint – Analyse
CHAR	Characteristic(s)
FAZ	Frankfurter Allgemeine Zeitung
FCKW	Fluorchlorkohlenwasserstoff
FKW	Fluorkohlenwasserstoff
FM	Fragrance Mapping
H & R	Haarmann & Reimer GmbH
HdVR	Handbuch des Verbraucherrechts
IFRA	International Fragrance Association
IM	Imagery(-ies)
LBGG	Lebensmittel- und Bedarfsgegenständegesetz
Marketing ZFP	Marketing Zeitschrift für Forschung und Praxis
NJW	Neue Juristische Wochenschrift
OEB	Odor Evaluation Board
RIFM	Research Institute for Fragrance Materials
WiSt	Wirtschaftswissenschaftliches Studium
W & V	Werben und Verkaufen
ZfbF	Schmalenbachs Zeitschrift für betriebswirtschaftliche Forschung
ZFP	Zeitschrift für Forschung und Praxis

Einführung

Für zahlreiche Branchen der Konsumgüterindustrie in westlichen Industriestaaten gelten heute Käufermarktsituationen. Sie zwingen das einzelne Unternehmen, seine gesamte Unternehmenspolitik auf den "Primat des Absatzbereiches" auszurichten.

Aus diesem Grund benötigt das Unternehmen genaue Informationen über seine sozio-ökonomischen Absatzmarktbedingungen, insbesondere über Wertänderungen einzelner Verbrauchersegmente. Ferner muß es die Folgen genereller Informationskonkurrenz bei wachsender Reizüberflutung und die Folgen der Austauschbarkeit von Produkten in weitgehend gesättigten Märkten in Betracht ziehen.

Die Analyse von Reaktionsdaten auf diese veränderten Markt-, Konsum- und Kommunikationsbedingungen gibt Auskunft über Bedarfsfaktoren und Bedarfsäußerungen aktueller und potentieller Nachfrager, an die ein Unternehmen sein Leistungsprogramm anpassen kann oder auf die es versucht, im eigenen Sinne Einfluß zu nehmen.

Entscheidend für den Erfolg der Absatzpolitik eines Unternehmens ist im Hinblick auf tatsächliches Kaufverhalten von Konsumenten nicht die objektive Beschaffenheit einer Marktleistung (die chemisch-physikalische Realität), sondern die subjektive Perzeption und Interpretation des Wahrgenommenen durch den Konsumenten (die kognitive Realität)[1].

Es läßt sich die Tendenz feststellen, daß funktional-qualitative Aspekte der Marktleistungen infolge ihrer weitgehenden Austauschbarkeit aufgrund technisch-funktionaler und meist auch ästhetischer Homogenität in den Hintergrund der Beurteilung treten.

Produktqualität wird von den Konsumenten zunehmend als selbstverständliche Produktleistung empfunden. Damit können viele Produkte in ihrem fast einheitlich wahrgenommenen Marketing-Mix den individuellen Anforderungen nicht gerecht werden, die die Verbraucher an sie als emotionsvermittelnde Komponenten eines von Selbstinszenierung, Originalität und Unterscheidungsfähigkeit geprägten Lebensstils stellen. Der Konsument sucht und präferiert individuelle Erleb-

---

[1] Vgl. Böcker, F.; Marketing; 2. Aufl., Stuttgart 1987, S. 23 f.

niswerte[2], die für ihn beim Kauf und Gebrauch der Produkte gerade wegen ihrer weitgehenden Homogenität deutlich werden müssen.

Bei Kenntnis der Einflußfaktoren auf das Kaufverhalten kann das Unternehmen seine Leistungen so anbieten, daß sie über die Vermittlung zielgruppenspezifischer Erlebniswerte durch die Schaffung innerer Produktbilder und Präferenzen[3] den subjektiven Bedürfnissen der Nachfrager entsprechen. Damit ist ein Aktionsbereich für das Unternehmen angesprochen, der integrativ Marktforschung (Datenerhebung und -verarbeitung), Konsumentenverhaltensforschung (Analyse der Perzeptions- und Präferenzbildungsprozesse) und die Gestaltung des physischen Produktes (die Übersetzung von subjektiven Bedürfnissen in objektive Marktleistungen) als Teil der Absatzpolitik in sich vereinigt.

Duftstoffe als bewußt eingesetzte Produktkomponenten sind - sieht man von ihrer traditionellen Verwendung in Kosmetika und Haushaltsprodukten ab - ein relativ neues und teilweise noch unbekanntes Phänomen sowohl für Verbraucher als auch für Produktgestalter.

Auf dem deutschen Konsumgütermarkt wird allerdings die Tendenz immer deutlicher, daß sich Unternehmen den bisher vernachlässigten, meist als bloße Beigabe empfundenen Duftstoffen, d.h. dem Einsatz olfaktorischer Produktkomponenten zuwenden und mit ihrer Hilfe ansonsten "triviale" Produkte am Markt profilieren[4]. Dabei ist nicht nur an duftende Produkte als solche zu denken, sondern auch daran, mit Düften Produktverpackungen mehr Informationsgehalt, Verkaufsräumen eine unverwechselbare Atmosphäre und Werbemitteln zusätzliche Attraktivität zu verschaffen. In den letzten Jahren wurde denn auch eine Anzahl von parfümierten Produkten auf den Markt gebracht, die in der Vergangenheit "unparfümiert" angeboten wurden (z.B. Dufttinte).

Mit dem Duft steht dem Produzenten eine Produktkomponente zur Verfügung, die aufgrund ihrer Fähigkeit, Emotionen und Erlebnisse hervorzurufen, einen geradezu idealen Ankerpunkt für eine präferenzorientierte Produktgestaltung darstellt. Das Potential, das in den emotionalen Erlebniswirkungen von Düften

---

[2] Vgl. Kroeber-Riel, W.; Konsumentenverhalten; 3. Aufl., München 1984, S. 114.

[3] Vgl. Kroeber-Riel, W.; Die inneren Bilder der Konsumenten; in: Marketing ZFP, Heft 2, Mai 1986, S. 85.

[4] Vgl. Kroeber-Riel, W.; Konsumentenverhalten; S. 110.

liegt, geht weit über das anderer Reizmodalitäten hinaus und ist auf die entwicklungsgeschichtlich sehr frühe Entstehung des Geruchsinns zurückzuführen[5].

Neben die Erzeugung emotionaler Produkterlebnisse tritt eine den Konsumenten aktivierende Auslösefunktion der Duftstoffe. Beide Faktoren, sowohl die subjektive Qualität von Produkterlebnissen, die über Empfindungen, Stimmungen und inhaltliche Vorstellungen vermittelt wird, als auch die Duftaktivierung, die verstärkend auf die Erlebnisfunktion wirkt, bestimmen in großem Maße die Präferenz für ein Produkt[6].

Aus dem Blickwinkel des Produzenten läßt sich der präferenzorientierte Einsatz von Duftstoffen etwas plakativ als Herstellen einer emotionalen Bindung an das Produkt über den "Verkauf von Träumen" und als Vermittlung von Qualität, Markenniveau und Glaubwürdigkeit durch die "unsichtbare Produktpersönlichkeit Duft" beschreiben[7].

Duftstoffe werden auf dem deutschen Markt in Zukunft sicher noch wesentlich stärker als bisher eingesetzt werden. Dafür sprechen die Entwicklungen auf ausländischen Märkten, speziell in den USA und in Japan. Die Möglichkeit, immer mehr Düfte synthetisch und somit kostengünstiger und in unbegrenzten Mengen herstellen zu können, spricht ebenfalls für diese Entwicklung.

Die steigende Offenheit und Toleranz der Konsumenten gegenüber Duft und duftenden Produkten, wird es möglich machen, neue Anwendungsfelder für Parfümierungen zu erschließen. Künftig wird es mehr denn je darauf ankommen, Produkte nicht nur technisch, haptisch und optisch gut zu gestalten, sondern auch den Geruch als Informationsübermittler und Quelle emotionaler Zusatznutzen in die Produktplanung und -gestaltung zu integrieren.

---

[5] Vgl. das Beispiel aus Brown, T. S.; Olfaction and Taste; in Scharf, B.; Reynolds, G. S. (Hrsg.); Experimental Sensory Psychology; Glenview, Illinois 1975, S. 198: "The allure of the female threads its way through evolution from moth to man. Television brings to our attention that the male, in order to mate successfully, must not be detected with bad breath. This is also true for the moth."

[6] Vgl. Kroeber-Riel, W.; Möcks, R.; Neibecker, B.; Zur Wirkung von Duftstoffen, Untersuchungsbericht des Institutes für Konsum- und Verhaltensforschung für die Firma Henkel (Düsseldorf); Universität des Saarlandes, Saarbrücken 1982, S. 8 ff.

[7] Vgl. Informationsmappe der Analysis - Institut für Marktforschung GmbH (Hrsg.); Frankfurt, "OEB Deutschland", S. 1.

Ziel dieser Untersuchung ist es, die Rolle von Düften für das Marketing festzustellen und daraus Rückschlüsse für die praktische Produktgestaltung zu ziehen. Ausgangspunkt sind die Erkenntnisse über die Physiologie des Geruchs und die aktivierenden (emotionalen) Wirkungen von Düften auf das Konsumentenverhalten. Diesbezügliche Aspekte werden im 1. Kapitel behandelt.

Neben den duftimmanenten Bestimmungsgründen für Produktpräferenzen sind es aber auch die Besonderheiten des menschlichen Perzeptions- und Präferenzbildungsprozesses gegenüber olfaktorischen Produktkomponenten, die das Ausmaß der Präferenz für einen Duft beeinflussen. Das 2. Kapitel beschäftigt sich daher mit Düften als präferenzbildender Produkteigenschaft, so wie sie der Konsument wahrnimmt und verarbeitet. In diesem Kontext wird auch die Rolle von Duftkomponenten in der Präferenzmessung und die produktgestalterische Umsetzung von Duftpräferenzen in reale Produkteigenschaften erläutert.

Zu den genannten Problembereichen benötigt ein Unternehmen Daten, die die Entscheidungsprozesse absichern. Aus diesem Grund wird im 3. Kapitel auf die Besonderheiten der Datenerhebung, auf spezielle Meßprobleme und die Instrumente zur Messung von Präferenzen in der Duftmarktforschung eingegangen.

Das 4. Kapitel wendet sich absatzpolitischen Aspekten beim Einsatz von Duftstoffen zu. Neben den Rahmenbedingungen und Zielsetzungen für ihre Anwendung werden besondere Entscheidungsprobleme beim Einsatz von Duftstoffen in der Produktgestaltung sowie ausgewählte Produktbereiche angesprochen.

Um die theoretisch abgeleiteten Ansätze präferenzorientierter Produktgestaltung mit Düften auf ihre praktische Umsetzbarkeit hin zu untersuchen, wird im 5. Kapitel eine empirische Untersuchung vorgestellt, die den Aufgabenkomplex der Produktgestaltung mit präferenzbildenden Duftkomponenten exemplarisch verdeutlichen soll. In dieser Pilotstudie geht es vor allem um die Eignung der Conjoint-Analyse als Instrument zur Messung der Präferenzwirkung von Düften.

I. Düfte: Physiologische Grundlagen und Entscheidungsparameter im Marketing

1. Physiologische Grundlagen

Duft ist ein Sinneseindruck, der entsteht, wenn Duftmoleküle auf entsprechende Rezeptoren in der Nase treffen.

1.1. Das olfaktorische System und das Gedächtnis für Gerüche

Der Geruchssinn (olfaktorischer Sinn) bildet zusammen mit dem Geschmackssinn den chemischen Sinn der Lebewesen[1]. Entwicklungsgeschichtlich ist der olfaktorische Sinn älter als der optische und der akustische. Die Entwicklung des Menschen zum audio-visuell geprägten Lebewesen hat die Bedeutung des Geruchssinns zurücktreten lassen, und so spielt der <u>bewußte</u> Einsatz dieses Sinnes als Kriterium für Entscheidungen heute nur noch eine unbedeutende Rolle.

Im oberen Bereich der Nasenhöhle befindet sich das Riechfeld, die regio olfactoria. Sie ist 8-10 cm² groß und enthält etwa 10 Millionen Riechzellen (Rezeptoren)[2]. Die Duftstoffmoleküle werden mit der Atemluft durch die Nase eingesogen und zu den Rezeptoren transportiert. Dort reagieren verwandte Duftstoffmoleküle mit gemeinsamen, gleichartigen Rezeptoren[3]. Die so eingehenden Informationen werden über den Riechkolben zu den Riechnerven weitergeleitet und schließlich u.a. im limbischen System verarbeitet[4].

---

[1] Vgl. Brown, T. S.; The Olfactory System; in: Scharf, B. (Hrsg.); Experimental Sensory Psychology; Glenview, Illinois 1975, S.94.

[2] Vgl. Altner, H; Boeckh, J.; Geschmack und Geruch; in: Schmidt, R. F.; Thews, G. (Hrsg.); Physiologie des Menschen; 18. Aufl., Berlin-Heidelberg-New York 1976, S. 292.

[3] Vgl. Altner, H.; Physiologie des Geruchs; in: Schmidt, R. (Hrsg.); Grundriß der Sinnesphysiologie, 3. Aufl., Berlin-Heidelberg-New York 1973, S. 209.

[4] Vgl. Müller, J.; Das H & R-Buch Parfüm, Aspekte des Duftes; Hamburg 1984, S. 54.

Das limbische System bestimmt die Gefühlswelt, die Emotionen, die Erinnerungen und die affektive Tönung des Gesamtverhaltens. Infolgedessen werden Gerüche stark gefühlsmäßig empfunden und interpretiert.

Die Aktivierung eines Rezeptors kann durch ein einziges Duftmolekül erfolgen. Der Aktivierung muß aber weder eine bewußte Geruchswahrnehmung noch ein Erkennen des auslösenden Geruchs folgen. Bei niedrigen Duftstoffkonzentrationen werden nur unspezifische Geruchswahrnehmungen registriert. Erst ab einer bestimmten Konzentration kann ein Geruch erkannt werden[5]. Die Wahrnehmungs- und Erkennungsschwelle variiert bei gleicher Konzentration von Stoff zu Stoff[6]. Auch inter- und intrapersonelle Unterschiede können auftreten. Bei Frauen werden intrapersonelle Unterschiede in der Geruchswahrnehmung i.d.R. hormonell beeinflußt. Während der Menstruation kann die Wahrnehmungsfähigkeit für Gerüche stark herabgesetzt sein. In der Schwangerschaft und z.T. während der Stillzeit kann die Geruchswahrnehmung herabgesetzt, erhöht oder völlig verändert sein.

Generell läßt sich aber sagen, daß der Geruchssinn bei allen Menschen in gleichem Maße vorhanden ist. Die unterschiedliche Fähigkeit, Gerüche zu erkennen, hängt vom bewußten Einsatz und einem entsprechenden Training der "Nase" ab[7]. Parfümeure sind in der Lage, über 2000 Riechstoffe, d.h. Einzelkomponenten, aus denen Düfte zusammengesetzt sind, einzuordnen und zu benennen. Hinzu kommen noch unzählige, aus den Riechstoffen zusammengesetzte Düfte[8].

Einige Tests mit Neugeborenen legen zwar eine angeborene Reaktion auf bestimmte aktivierende Düfte nahe, allerdings scheinen die Vorziehenswürdigkeit von Duftstoffen und die damit verbundenen positiven und negativen Aktivierungswirkungen zu einem großen Teil das Resultat einer individuellen Entwicklung zu sein, die entweder auf physiologischen Reifeprozessen oder auf den Konsequenzen von persönlichen Erfahrungen beruht[9] (vgl. auch S. 108 f.).

---

[5] Vgl. Altner, H.; Physiologie; S. 211.

[6] Vgl. Brown, T. S.; Olfaction and Taste; in: Scharf, B. (Hrsg.); Experimental Psychology; Glenview, Illinois 1975, S. 197.

[7] Vgl. Wustmann, G.; Parfümeur – ein Berufsbild; Sonderdruck aus Parfümerie und Kosmetik 56, Heidelberg 1975, S. 70.

[8] Vgl. Müller, J.; Aspekte des Duftes; S. 57.

[9] Vgl. Engen, T.; The Perception of Odors; Series in Cognition and Perception; New York-London 1982, S. 13.

ENGEN weist gleichfalls darauf hin, daß "time seems to play no role in odor memory ... (Ausl. d.d.Verf.) it remains virtually unchanged"[10]. So ist es möglich, Gerüche, die man in seiner Kindheit kennengelernt hat, auch nach vielen Jahren als Erwachsener wieder zu erkennen.

Das emotionale Erleben und Verarbeiten von Gerüchen wird durch die enge Verbindung des Geruchssinns mit den Gehirnbereichen, die das emotionale Verhalten bestimmen, geprägt. Diese enge Bindung zwischen Gerüchen und Emotionen bedingt die Einheit von Gerüchen und Situationen/Erlebnissen in der Erinnerung. Die geruchsgebundenen Erinnerungen werden i.d.R. nur von den jeweiligen Gerüchen, nicht von anderen Faktoren, die mit der Situation in Verbindung stehen, ausgelöst.

GIBBONS gibt in dem Artikel "The Intimate Sense"[11] ein sehr anschauliches Beispiel für diese Zusammenhänge. Er schreibt, daß die Erinnerungen an seine Kindheit und seinen Großvater beim Anblick alter Fotographien sehr vage blieben. Als er jedoch die Lederjacke seines Großvaters aus dem Schrank nahm, sie einem Impuls nachgebend an sein Gesicht preßte und an ihr roch, da sah er sich in seine Kindheit zurückversetzt. Er hatte das Gefühl, sich nicht nur zu erinnern, sondern die Zeit an der Seite seines Großvaters noch einmal zu erleben.

Das Gedächtnis für Düfte, das positive und negative Eindrücke speichert, ist sicher nicht ohne Einfluß auf die Akzeptanz von Produktdüften. Das Risiko, einen Duft zu wählen, der auf Ablehnung stößt, läßt sich jedoch eher durch Orientierung an einem bekannten und positiv eingestuften Duft als durch völlig neue Duftkreationen umgehen. Ausgenutzt wird diese Tatsache von Waschmittelherstellern, indem sie bei der Parfümierung von "wirtschaftlichen" oder "Hausmarken" das Parfum von Bestseller-Waschmitteln imitieren[12].

In diesem Zusammenhang ist z.B. auch die hohe Akzeptanz für Körperpflegemittel und Kosmetika mit dem Duft von Johnson & Johnson Baby Cosmetic zu sehen. Fast jeder Amerikaner wächst mit diesem Dufttyp auf, und seine Beliebtheit

---

[10] Engen, T.; Odors; S. 107.

[11] Vgl. Gibbons, B.; The Intimate Sense of Smell; in: National Geographic, Vol. 170, No. 3, September 1986, Washington D.C., S. 324-326.

[12] Vgl. Jellinek, J. S.; Parfümieren von Produkten; Heidelberg 1976, S. 20.

geht soweit, daß dieser Duft in abgewandelter Form als Extraitparfüm ("Ombre Rose") auf den Markt gebracht wurde[13].

1.2. Klassifizierung und Beschreibung von Düften

Eine einheitliche Klassifizierung der Duftstoffe, ähnlich der Farbenlehre oder der Unterteilung des Geschmacksinns, existiert nicht. Chemisch verwandte Stoffe können verschiedenen Duftklassen angehören. Angehörige einer Duftklasse können sich in ihrer chemischen Struktur erheblich unterscheiden[14].

AMOORE[15] unterscheidet wie folgt:

DUFTKLASSE	KENNZEICHNENDES BEISPIEL
minzig	Pfefferminze
blumig	Rosen
ätherisch	Birnen
moschusartig	Moschus
harzartig	Kampfer
faulig	faule Eier
stechend	Essig

Ein weiterer Grund für die Schwierigkeiten bei der Klassifizierung liegt darin, daß Geruchsqualitäten von der Reizintensität der Stoffe abhängen. Bei einigen Stoffen kann durch Verdünnen eine Geruchsänderung auftreten[16].

Die Fähigkeit, Gerüche zu benennen, läßt sich nicht mit der Fähigkeit, sie (wieder) zu erkennen, messen[17]. Die Beschreibung erfolgt im allgemeinen Sprachgebrauch durch direkten Verweis auf ein gleich bzw. ähnlich riechendes Objekt, oder durch Adjektive, die einen großen Interpretations- und Assozia-

---

[13] Vgl. Gespräch mit E. Busse, Haarman & Reimer GmbH, Holzminden, am 25.07.1986.

[14] Vgl. Altner, H.; Physiologie; S. 209.

[15] nach Müller, J.; Aspekte des Duftes; S. 55.

[16] "Der Veilchenriechstoff beta Jonon riecht in 1 % Lösung blumig in Veilchen- und Fresienrichtung. 100 %ig wirkt er leicht unangenehm süß, holzig mit einer Nuance nach Streichholzreibfläche." Harder, U.; Einführung in die Parfümerie; unveröffentlichtes Manuskript; o.J., S. 103.

[17] Vgl. Engen, T.; Odors; S. 103.

tionsspielraum lassen (vgl. Tab 1). Außerdem werden Gerüche häufig auf sehr persönliche Art beschrieben, z.B. "riecht wie meine alte Schule nach den Ferien".

Tab. 1: Adjektivische Duftbeschreibungen

gut	aprilfrisch
sanft	quellfrisch
mild	zitronenfrisch
zart	schlecht
angenehm	wild
leicht	aggressiv
dezent	stark
diskret	unangenehm
zurückhaltend	schwer
lieblich	ordinär
blumig	aufdringlich
fruchtig	billig
zitronig	muffig
frisch	abgestanden
natürlich	ungelüftet
süß	ranzig
süßlich	brenzlig
herb	angebrannt
würzig	verbrannt
lecker	stechend
appetitlich	stinkend
appetitanregend	scharf
sauber	widerlich

In der Werbung wird der Duft eines Produktes durch Ausdrücke mit allgemeinem und positivem Inhalt herausgestellt. Diese Ausdrücke enthalten i.d.R. keine wirkliche Aussage über den Duft des beworbenen Produktes, aber sie lassen viel Spielraum für Assoziationen in Verbindung mit den übrigen Bestandteilen der Werbebotschaft (vgl. Tab. 2).

Tab. 2: Ausdrücke mit allgemeinem, eher positivem Inhalt, die keine wirkliche Aussage über den Duft einer Parfümierung machen

anspruchsvoll	kultiviert
anziehend	machtvoll
aufregend	markant
ausgewogen	männlich
bezaubernd	rassig
bezwingend	reich
brillant	reizvoll
charmant	riskant
delikat	schön
edel	stark
eigenwillig	strahlend
erlesen	teuer
exclusiv	unverwechselbar
fantasievoll	unwiderstehlich
faszinierend	üppig
festlich	verschwenderisch
französisch	vielversprechend
herrlich	vornehm
individuell	voll
interessant	wertvoll
jugendlich	zauberhaft
kostbar	zeitgemäß

1.3. Düfte als Bestimmungsfaktoren des Konsumentenverhaltens

Für die Duftforschung mit ihren chemisch-physikalischen, psychologischen und verhaltenswissenschaftlichen Fragestellungen sind beim Riechvorgang insbesondere drei Faktoren wichtig: die Empfindlichkeit (Sensitivität) der Wahrnehmung, die Diskriminationsfähigkeit der Wahrnehmung und die emotionalen Effekte auf den Wahrnehmenden[18].

Die ersten beiden Fragestellungen spielen in chemischen Analysen und psychophysikalischen Schwellenmessungen v.a. bei der Herstellung und Komposition von Düften eine Rolle. Da diese Aufgabe üblicherweise nicht in den Bereich des Herstellers von Produkten mit olfaktorischen Produktkomponenten fällt, sondern in das Metier der Riechstoffindustrie, die den Hersteller beliefert[19], wird im fol-

---

[18] Vgl. Brown, T. S.; Olfaction and Taste; S. 188.
[19] Vgl. Jellinek, J. S.; Parfümieren; S. 7.

genden besonders auf die Vermittlung emotionaler Wirkungen durch Duft, d.h. auf die verhaltensrelevanten Aspekte des Riechens eingegangen.

1.3.1. Verhaltensbiologische Grundlagen

Die Biologie des menschlichen Verhaltens beschäftigt sich mit den Unterschieden und Beziehungen zwischen angeborenen Verhaltensweisen und kulturell geprägten (gelernten) Verhaltensweisen[20].

Biologisch vorprogrammierte, weitgehend einheitliche und automatische Reaktionen finden bei Schlüsselreizen und vereinfachten Modellen von Schlüsselreizen, den sog. "Attrappen" statt[21]. Beide Reiztypen sprechen unmittelbar Auslösemechanismen an, die dafür sorgen, daß bei gegebener Verhaltensdisposition ein ganz bestimmter Umweltreiz das Verhalten steuert. Es besteht eine feste Reiz-Reaktionsbeziehung.

Das Ziel des bewußten Einsatzes von Schlüsselreizen oder Attrappen in der Produktgestaltung mit olfaktorischen Produktkomponenten liegt -wie später noch zu erörtern ist (vgl. S. 14 f.)- im Auslösen unmittelbaren Verhaltens und dessen Verstärkung. Allerdings sind diese auslösenden Reize im Bereich der Duftwahrnehmung weitgehend unerforscht[22]. KROEBER-RIEL, MÖCKS und NEIBECKER nennen als Schlüsselreize pheromonhaltige Duftstoffe mit unterschwellig wirkendem erotisierenden Charakter. Durch sie "wird der erotische Antrieb verstärkt, die Einstellung zum parfümierten Objekt begünstigt"[23]. Eine Erklärungsmöglichkeit für das Funktionieren solcher Verhaltensweisen ergibt sich aus den Verbindungen, die zwischen dem Geruchssinn und dem menschlichen Hormon- und Immunsystem vermutet werden[24].

---

[20] Vgl. Eibl-Eibesfeldt, I.; Die Biologie des menschlichen Verhaltens; 2. Aufl., München 1986, S. 22.

[21] Vgl. Kroeber-Riel, W.; Möcks, R.; Neibecker, B.; Zur Wirkung von Duftstoffen; Untersuchungsbericht des Institutes für Konsum- und Verhaltensforschung für die Firma Henkel (Düsseldorf), Universität des Saarlandes, Saarbrücken 1982, S. 1.

[22] Vgl. Eibl-Eibesfeldt, I.; Grundriß der vergleichenden Verhaltensforschung-Ethologie; 6. Aufl., München 1980, S. 611.

[23] Kroeber-Riel, W.; Möcks, R.; Neibecker, B.; Wirkung von Duftstoffen; S. 2.

[24] Vgl. Engen, T.; Odors; S. 13.

Mit der von ENGEN vertretenen, empirisch untermauerten lerntheoretischen Sichtweise menschlichen "Duftverhaltens" läßt sich die Existenz von menschlichen Pheromonen nur schwer vereinbaren. Pheromone sind externe chemische Kommunikationsmittel für den olfaktorischen Informationsaustausch zwischen Tieren. Pheromone, z.B. Moschus bei höheren Tieren, werden biologisch im Stoffwechsel wirksam und steuern automatisch das Verhalten[25]. Die Existenz von menschlichen Pheromonen konnte bislang nicht eindeutig nachgewiesen werden, allerdings gibt es Hinweise, daß auch hier vergleichbare, biologisch wirksame Substanzen zu vermuten sind[26].

Bei wiederholtem Ablauf von Reiz-Reaktionsmechanismen durch Schlüsselreize wird das Antriebspotential dieser Reize verbraucht, es können Habitualisierungseffekte eintreten. Die Reizschwelle für das Auslösen der Reaktion steigt an. Diese Erfahrung kann z.B. das Verkaufspersonal von Bäckereien bestätigen, wenn es bei ständiger Begegnung mit bestimmten Aromastoffen aus der Klimaanlage den "Aufforderungswert"[27] dieser Stoffe als gering einstuft.

Im Gegensatz zu angeborenen Reaktionen im Bereich der Duftwahrnehmung sind die erlernten Verhaltensweisen besser erforscht, insbesondere die mit "Duftlernen" und "Dufterinnerung" verbundenen Fragen menschlichen Verhaltens.

Wenn Dufterfahrungen vom Konsumenten gemacht werden, und er durch stimulierende Duftwirkungen die differenzierte Wahrnehmung von Duftstoffen trainiert, kann man von "Duftlernen" sprechen[28]. Hier spielen individuelle und situative Faktoren eine Rolle, die für die qualitativ und quantitativ äußerst unterschiedliche Geruchswahrnehmung verantwortlich sind[29]. Mitunter sind auch soziale

---

[25] Vgl. Engen, T.; Odors; S. 140.

[26] Vgl. Kirk-Smith, M. D.; Booth, D. A.; Effect of Androsthenone on Choice of Location in Other's Presence, in: Starre, H. v.d. (Hrsg.); Proceedings of the Seventh International Symposium on Olfaction and Taste and of the Fourth Congress of the European Chemoreception Research Organization, London 1980, S. 397ff. Dort werden die Untersuchungen hinsichtlich der Verhaltenswirkungen des Pheromons Androstenon beschrieben.

[27] Kroeber-Riel, W.; Möcks, R.; Neibecker, B.; Wirkung von Duftstoffen; S. 2.

[28] Ebenda, S. 4.

[29] Vgl. Brown, T. S.; Olfaction and Taste; S. 188: "...most of us can easily distinguish cigarette smoke from cigar smoke or a rose perfume from violet scent, but an experienced perfumer can do much better, so that, for example, there are men who can not only name the country of origin of a sample of lavender oil, but can even name the farm from which it came." Dort zitiert nach Wright (1966).

Einflüsse wichtig, die Geruchserlebnisse vereinheitlichen, d.h. die individuelle Geruchswahrnehmung in die sozial akzeptierte Richtung lenken[30].

Neben den individuellen, situativen und sozialen Faktoren spielen kulturell oder länderspezifisch geformte Besonderheiten der Duftwahrnehmung eine Rolle, die auch für das Marketing relevant sind. So läßt sich etwa ein parfümistischer Seifenduft in Westeuropa sehr gut, in Ostasien nur mit Schwierigkeiten verkaufen[31].

Im Zusammenhang mit Dufterfahrungen ist nochmals an die große zeitliche Stabilität des Geruchgedächtnisses zu erinnern. Sie läßt sich durch die subjektiv starke Verankerung des tief in das emotionale Erleben hineinreichenden Geruchssinnes erklären[32]. Das gilt besonders für den Eindruck der ersten Duftassoziation, die kaum auszulöschen ist.

Es dauert erheblich länger, Duftassoziationen gedanklich zu "verankern", als dies bei visuellen oder akustischen Reizen der Fall ist[33]. Das läßt sich damit erklären, daß die Duftwahrnehmung zwar nicht langsamer als die Wahrnehmung anderer Reize verläuft, der Verarbeitungsprozeß aber mehr Zeit in Anspruch nimmt.

Es wird nicht nur ein einfacher Sinneseindruck verarbeitet, sondern ein komplexer Gefühlszustand, der auch weitere situative Stimuli umfassen kann[34]. Damit ist gemeint, daß Menschen versuchen, Düfte mit verbalen Bezeichnungen zu versehen oder mit parallel laufenden Reizen, vorzugsweise mit visuellen, zu verbinden, um sie bewußt verarbeiten zu können oder sie im Gedächtnis zu speichern[35]. Eine kognitive Verarbeitung von olfaktorischen Reizen fällt dem

---

[30] Vgl. Kroeber-Riel, W.; Möcks, R.; Neibecker, B.; Wirkung von Duftstoffen; S. 4 und das Beispiel aus Moncrieff, R. W.; The Chemical Senses; London 1967, S. 8:" The odour of onions is pleasant to us when combined with feeding experiences, but unpleasant alone."

[31] Vgl. Gibbons, B.; Smell; in: National Geographic, Vol. 170, No. 3, Sept. 1986, S. 358.

[32] Vgl. Moncrieff, R. W.; Chemical Senses; S. 11 und Engen, T.; Odors, S. 106 ff.

[33] Vgl. Kroeber-Riel, W.; Möcks, R.; Neibecker, B.; Wirkung von Duftstoffen; S. 5.

[34] Vgl. Engen, T.; Odors; S. 155.

[35] Vgl. Cain, W. S.; Chemosensation and Cognition; in: Starre, H. v.d.; a.a.O.,S. 348.

Menschen demnach relativ schwer, zumal seine Verbalisierungsfähigkeit von Dufterlebnissen eingeschränkt ist und die Duftbenennungen sehr individuell ausfallen[36].

Damit lassen sich direkte Hinweise auf den produktgestalterischen Einsatz von Duftstoffen ableiten. Für die Einführung eines neuartigen Produktduftes empfiehlt es sich, mit Hilfe von visuellen und verbalen Reizen assoziative Ausstrahlungen auf den Duftstoff sicherzustellen. So wird in der Praxis eine schlechte synthetische Kopie als natürlicher Duft vom Konsumenten akzeptiert, weil die verbal-visuelle Assoziation mit dem natürlichen Duftstoff über die Produkt-Etikettierung vorhanden ist[37].

Menschliche Duftwahrnehmung läßt sich zusammenfassend als äußerst individualisierte, kognitiv weitgehend unkontrollierte, mit emotionsstarken, zeitlich stabilen Rückgriffsmöglichkeiten auf Dufterinnerung verbundene Wahrnehmungsmodalität beschreiben, deren Eindrücke verbal schwer zu fassen sind.

1.3.2. Aktivierungs- und Lernprozesse

Unter Aktivierung wird ein psychischer Antriebsprozeß verstanden, der den Organismus mit Energie versorgt und in einen Zustand der Leistungsbereitschaft und Leistungsfähigkeit versetzt. Dieser Zustand wird durch Reize bewirkt, die aktivierender Natur sind, d.h. den Organismus aufgrund ihrer physischen, emotionalen oder kognitiven Wirkungen mit Erregung oder innerer Spannung versorgen[38]. Damit erhöht sich die Bereitschaft des Individuums, auf diese Reize zu reagieren, wie auch seine Leistungsfähigkeit, diese Reize zu verarbeiten und zu speichern.

Nur ein Fünftel der nahezu 500.000 heutzutage bekannten Duftkomponenten werden von Menschen als angenehm empfunden, die große Mehrzahl wird negativ oder indifferent bewertet. Diese Tatsache dient als Hinweis dafür, daß eine ursprüngliche Funktion des Geruchssinnes darin bestand, Mensch und Tier über

---

[36] Vgl. die Tabellen 1 und 2, S. 9 und 10.

[37] Vgl. Cain, W. S.; Chemosensation and Cognition; S. 351: ohne "label" gibt es keine interne Verarbeitungsadresse eines Duftes.

[38] Vgl. Kroeber-Riel, W.; Konsumentenverhalten; S. 53.

Gefahren zu informieren und gegenüber der Geruchsquelle in einen Zustand der Spannung und Wachsamkeit zu versetzen[39].

Unangenehme Gerüche lösen eine stärkere Reaktion aus als angenehme. Es besteht eine starke positive Korrelation zwischen der Bekanntheit der Gerüche und deren positiver Beurteilung, gleichzeitig gibt es eine starke Tendenz, unbekannte Gerüche als unangenehm zu beurteilen. Die hedonische Beurteilung eines Geruchs variiert mit seiner Konzentration, wobei meistens die schwächste Konzentration die positivste Beurteilung erfährt[40]. Während das Verhältnis der schwächsten zur stärksten wahrgenommenen Intensität (Konzentration) eines Geruchsstoffes 10:1 betrug, war das gleiche Verhältnis bei der hedonischen Beurteilung (angenehm-unangenehm) 150:1 ![41]

Grundsätzlich sind psychologische Faktoren für die Beurteilung von olfaktorischen Präferenzen ausschlaggebend. Abgesehen von wenigen universell negativ beurteilten Gerüchen[42], werden gleiche Gerüche sehr unterschiedlich beurteilt. Es gibt mehrere Faktoren, die immer wieder erwähnt werden, um die grundlegende Frage "Under what conditions does a neutral odor become pleasant or unpleasant ?"[43] zu beantworten.

Gerüche haben keine hedonische Aussage an sich, sondern diese wird erst erlernt durch die Umstände des "Kennenlernens". Erhärtet wird dieses Paradigma durch olfaktorische Präferenzforschungen mit Kindern. Sie sind grundsätzlich weit toleranter gegenüber unangenehmen Gerüchen. (Schweißgeruch wird von ca. 75% der 3-4 jährigen Kinder als angenehm empfunden, während 20-30 jährige ihn fast einstimmig als unangenehm einstufen)[44]. Gleichzeitig beurteilen Kinder den hedonischen Wert von Gerüchen anhand der Geruchsintensität; sie scheinen

---

[39] Vgl. Engen, T.; Odors; S. 13.

[40] Vgl. als Beispiel dazu, Henion, K. E.; Direct psycho-physical scaling of the olfactory pleasantness of diluted n-amyl acetate, in: Perception and Psychophysics; Vol. 10, No. 3, 1971, S. 158-160.

[41] Vgl. Engen, T.; Odors; S. 128.

[42] Vgl. Engen, T.; Odors; S. 135: "However, no one seems to enjoy the odor of the privy (Latrine) or the septic tank, and this may be a universal dislike."

[43] Vgl. Engen, T.; Method and Theory in the Study of Odor Preferences, in: Amos Turk (Hrsg.); Human Responses to Enviromental Odors; Academic Press, N. Y. 1974, S. 121-141.

[44] Über die Validität der Aussagen siehe Engen, T.; Odors; S. 122 ff.

noch keine "abrufbaren" Präferenzstrukturen zu haben, anhand derer sie Gerüche beurteilen können.

Intrapersonelle Faktoren (neben dem Alter) bei der Beurteilung von Duftpräferenzen umschreibt ENGEN mit dem "internal milieu" einer Person[45]. Hunger oder Sättigung beeinflussen die Bewertung im starken Maße. Hormonelle Veränderungen, sei es während der Schwangerschaft oder Menstruation bei Frauen, oder in der Pubertät allgemein, beeinflussen nicht nur die olfaktorische Sensibiltät sondern auch die Duftpräferenzen.

Die erheblichen interpersonellen Unterschiede in der Beurteilung von Gerüchen können zum Teil als Resultat einer klassischen Pavlov'schen Konditionierung erklärt werden, die in Verbindung mit der "Zeitlosigkeit" des olfaktorischen Erinnerungsvermögens anhaltende Wirkung zeigt. Präferenzen werden erlernt, teils durch das Verinnerlichen von sozialen Normen (vorgeführt durch Vorbilder, seien es die Eltern, Freunde oder Werbung)[46], wirkungsvoller aber durch die persönlichen Erfahrungen. Sie führen zu individuellen Assoziationen, zu erworbenen Bedeutungen (acquired meaning)[47], die Gerüchen dann ein sehr persönliches "hedonisches Profil" geben.

Generell ist also jedem Menschen von Natur aus die Fähigkeit gegeben, Duftwahrnehmungen mit entsprechenden negativen oder positiven Konsequenzen zu assoziieren. Durch die Assoziation mit bestimmten Gratifikationen (z.B. Hunger stillen, außer Gefahr sein, "Erfolg" haben) werden aus an sich funktionslosen Objektkomponenten machtvolle Stimuli[48].

Duftstoffe schaffen demnach einerseits individuelle Aktivierungsmuster, andererseits bilden sie - mit den Jahren erlernt - Präferenzen aus. Damit gewinnen Düfte eine erhebliche Verhaltensrelevanz und rücken in den Blickpunkt von Produktgestaltern (vgl. hierzu Kap. II).

---

[45] In Anlehnung an Cabanac. Vgl. Engen, T.; Odors; S. 138.

[46] Diese Beeinflussungen durch die Umwelt ergeben dann auch unterschiedliche Bewertungen von ganzen "Geruchskategorien", je nach kultureller oder ethnischer Herkunft. Siehe auch: Kropff, H. F.; Angewandte Psychologie und Soziologie in Werbung und Vertrieb; Stuttgart 1960, Kap. 4.

[47] Vgl. Engen, T.; Method and Theory; S. 137 f.

[48] Vgl. Derselbe; Odors; S. 169.

1.3.3. Aktivierung und Duftwahrnehmung

Zu den Aktivierungswirkungen von Duftstoffen liegen Untersuchungen vor, die methodische und inhaltliche Fragen der Duftmarktforschung berühren[49]. Diese Untersuchungen geben Aufschluß über die Leistungen und Anwendungsmöglichkeiten eines experimentellen psychobiologischen Verfahrens im Vergleich zu verbalen Befragungen oder intermodalen Messungen bei der Analyse der Aktivierungseffekte von Düften[50]. Mit diesen Instrumenten werden Zusammenhänge zwischen gemessener Duftaktivierung und dem Erlebnisbereich von Duft zugeordneten Vorgängen wie Wahrnehmung, Wiedererkennung und Präferieren eines Duftes beschrieben.

Das Aktivierungspotential von Duftstoffen wurde in den erwähnten Experimenten anhand von Waschmitteldüften in unterschiedlichen Intensitäten und Erlebnisqualitäten ermittelt. Unter den Düften befanden sich auch zwei maskierte Duftstoffe, die durch den arteigenen Waschmittelduft überdeckt wurden. Obgleich beide Duftnoten (Vanillin und Moschus) für die Versuchspersonen subjektiv nicht wahrnehmbar dargeboten wurden, traten bei ihnen die stärksten Aktivierungswirkungen auf[51].

Es gibt also Duftstoffe, die wegen ihrer besonders aktivierenden Wirkung auf den menschlichen Organismus -wie in diesem Fall pheromonhaltige, u.U. biologisch wirksame Duftstoffe- von Unternehmen eingesetzt werden können, um unter einer passenden Produktparfümierung als versteckter "Erregerduft" zu fungieren[52]. Somit kann trotz eines beruhigend wirkenden Produktduftes eine unbewußte, starke innere Erregung und Aufmerksamkeitswirkung durch gezielte Verhaltenssteuerung ausgelöst werden.

Ähnliche, wenn auch weniger stark ausgeprägte Aktivierungswirkungen lassen sich bei Duftstoffen feststellen, die subjektiv vom Konsumenten wahrgenommen werden können. In diesem Fall steht weniger die unterschwellige Form der Ein-

---

[49] Vgl. W. Kroeber-Riel; Möcks, R.; Neibecker, B.; Wirkung von Duftstoffen; S. 1-45. Methodische Aspekte der Duftmarktforschung werden im 3. Kapitel behandelt.

[50] Die Aktivierungsmessung wurde mittels EDR (elektrodermale Reaktion) durchgeführt: Hautelektrische Veränderungen werden als Indikatoren für Aktivierungsänderungen herangezogen.

[51] Vgl. Kroeber-Riel, W.; Möcks, R.; Neibecker, B.; Wirkung von Duftstoffen; S. 34.

[52] Vgl. Möcks, R.; Wirkung von Duftstoffen; S. 7.

flußnahme auf das Verhalten des Konsumenten im Vordergrund, als vielmehr das Bestreben, einem unter Konkurrenzprodukten wenig auffallenden Produkt durch gezielte Parfümierung ein eigenes Profil und damit zusätzliche Aufmerksamkeit zu verschaffen. Im Experiment konnte ein positiver Zusammenhang zwischen Duftintensität und Aktivierung vermerkt werden.

Gerade an diesem Punkt fällt die generelle Schwäche von Aktivierungsmessungen ins Auge: Eine hohe Aktivierung durch einen Duftstoff sagt nichts über dessen qualitative Einschätzung aus[53], zumal eine hohe Duftintensität nur selten mit einer hohen Duftqualität verbunden wird[54]. Hohe Aktivierungswerte können ein falscher Indikator für die Qualitätsbeurteilung von Düften durch den Konsumenten sein und im Hinblick auf Adaptions- und Habitualisierungseffekte bei der Duftwahrnehmung sowie im Hinblick auf Obergrenzen der Aktivierung u.U. der tatsächlichen Verhaltensdisposition entgegengesetzte Reaktionen abbilden.

Im einzelnen verbessert die ausgelöste Aktivierung die Reizverarbeitung des aktivierenden Duftes selbst[55]. Damit wird die Duftbotschaft (und über die Duftbotschaft die Produktbotschaft) für den Konsumenten klarer profiliert und einprägsamer. Des weiteren kann die verbesserte Reizverarbeitung durch Duftaktivierung auch auf andere Produkteigenschaften ausstrahlen. Es kommt zu sog. Irradiationseffekten[56].

1.3.4. Wiedererkennen von Duft und Duftpräferenz

Für das Wiedererkennen von Düften ist mehr noch als die unterstützend wirkende Aktivierung ihre Einprägsamkeit, d.h. das von ihnen ausgehende Dufterlebnis ausschlaggebend[57].

---

[53] Vgl. Kroeber-Riel, W.; Möcks, R.; Neibecker, B.; Wirkung von Duftstoffen; S. 36.

[54] Vgl. Engen, T.; Odors; S. 116.

[55] Vgl. Möcks, R.; Wirkung von Duftstoffen; S. 20.

[56] Vgl. ebenda und Pelzer, K. E.; Irradiation; in: Arnold, W.; Eysenck, H. J.; Meili, R. (Hrsg.); Lexikon der Psychologie, Bd. 2, Freiburg 1971, S. 232.

[57] Vgl. Möcks, R.; Wirkung von Duftstoffen; S. 8 und Kroeber-Riel, W.; Möcks, R.; Neibecker, B.; Wirkung von Duftstoffen; S. 39.

Stärker aktivierende Düfte wurden in den Experimenten nicht besser wiedererkannt. Damit ist die Hypothese bestätigt, daß die Bedeutung der Aktivierung für das Wiedererkennen eines Duftes um so geringer ist, je einprägsamer er ist. Besitzen zwei Düfte das gleiche charakteristische Profil, so erzielt derjenige mit dem höheren Aktivierungspotential bessere Wiedererkennungswerte[58].

Während für die Wiedererkennung eines Duftes beide Vorgänge, also Aktivierung und Dufterlebnis relevant sind, wird die Präferenz für einen Duft - also die erworbene Prädisposition hinsichtlich seiner Vorziehenswürdigkeit - ausschließlich vom vermittelten Dufterlebnis bestimmt[59]. Die Untersuchungen ergaben z.b., daß hoch aktivierende Düfte wie Moschus und Vanillin am wenigsten präferiert werden.

Für die bewußte Steuerung von Produktwiedererkennung und Produktpräferenz über den Einsatz bestimmter Duftstoffe bei der Produktgestaltung kommt es darauf an, Erlebniswirkungen zu schaffen. Dies erreicht der Produktgestalter, indem er die Produktkomponente Duft mit anderern Produktmerkmalen wie Farbe und Verpackung harmonisiert und in ein für den Konsumenten ganzheitliches Produkterlebnis in Form eines stimmigen Produktkonzeptes integriert (vgl. hierzu Kapitel II.1).

Im Fall einer wirksamen Einbeziehung eines Duftes in ein Produktkonzept ließen sich in den Untersuchungen Zusatzaktivierungen durch Verpackung feststellen[60]. Messungen mit Verpackung ergaben höhere Aktivierungswerte für einen Duft als Messungen, die ohne das "typische" Produktumfeld durchgeführt wurden. Diese Ergebnisse unterstreichen die Wichtigkeit von Duftstoffen als aktivierende und präferenzbildende Produkteigenschaft einerseits, die Notwendigkeit einer Integration aller Produkteigenschaften in ein ganzheitlich wahrgenommenes Produkt andererseits.

---

[58] Vgl. Kroeber-Riel, W.; Möcks, R.; Neibecker, B.; Wirkung von Duftstoffen; S. 40.

[59] Vgl. ebenda.

[60] Vgl. ebenda, S. 23.

1.3.5. Erlebniswirkungen

Der Geruchssinn ist eine subjekt-zentrierte Wahrnehmungsmodalität, die weniger beschreibt, wie ein wahrgenommenes Objekt ist, als vielmehr, wie es sich für den Wahrnehmenden gefühlsmäßig darstellt. Der Geruchssinn gibt vom individuellen Erleben gefärbte Antworten auf Duftreize[61].

Diese inneren, über die Aktivierung hinausgehenden Vorgänge sind Stimmungen und Empfindungen[62]. Sie wirken verstärkend auf ein grundlegendes Bedürfnis, wie beispielsweise die durch zusätzliche Duftsensibilisierung über künstliche Pizzaaromen im Frischluftsystem einer Pizzeria verstärkte "Freßstimmung"[63] der Konsumenten zur Mittagszeit.

Eine zweite Erlebniswirkung entsteht durch Vermittlung von spezifischen Produkterlebnissen, die durch rein subjektiv empfundene Erlebnisqualitäten des Produktes kommuniziert werden[64]. Sie drücken einen subjektiv wahrgenommenen, interindividuell verschiedenen Zusatznutzen eines Produktes aus, der über den auf objektiven, funktionell bedingten Produkteigenschaften basierenden Grundnutzen hinausgeht[65].

Die zusätzlichen Erlebnisqualitäten bestimmen bei sonst gleich erlebter Produktqualität in großem Maße die Präferenz für ein bestimmtes Produkt, was die Meßergebnisse der Untersuchung bestätigen[66]. Man kann behaupten, daß es durch die Anreicherung mit einem Duftstoff zur emotionalen Hinwendung, zur Markenbindung und damit zur Duftkonditionierung des Konsumenten auf ein bestimmtes Produkt kommt[67].

---

[61] Vgl. Engen, T.; Odors; S. 129.

[62] Vgl. Kroeber-Riel, W.; Möcks, R.; Neibecker, B.; Wirkung von Duftstoffen; S. 8.

[63] Ebenda.

[64] Vgl. ebenda.

[65] Vgl. ebenda.

[66] Vgl. ebenda, S. 8 und S. 42.

[67] Vgl. Möcks, R.; Wirkung von Duftstoffen; S. 21.

2. Düfte als Entscheidungsparameter im Marketing

Verhaltensrelevante Aspekte des Riechens berühren den Hersteller eines Produktes einerseits in der Hinsicht, daß er Produktkonzeptionen mit relativ gut spezifizierten Duftprofilen vorlegen muß, die der Riechstoffindustrie eine konzeptadäquate Auswahl an Duftalternativen ermöglichen. Weiterhin sind diese Aspekte bei der zielgruppenspezifischen Ausgestaltung und Abstimmung des gesamten absatzpolitischen Instrumentariums für ein Produkt von herausragender Wichtigkeit. Insofern ist es gerechtfertigt, von Düften als Entscheidungsparameter im Marketing zu sprechen.

2.1. Düfte als Träger von Produktinformationen

Beim Einsatz von Duftstoffen zur Schaffung eines bestimmten olfaktorischen Produktprofils werden üblicherweise keine reinen Düfte eingesetzt, sondern Duftmischungen. Bei der Kombination von Duftstoffen lassen sich Wirkungen auf die wahrgenommene Intensität, die wahrgenommene Qualität und die wahrgenommene Komplexität eines Duftes unterscheiden.

Die Intensitäten zweier oder mehrerer Duftstoffe können sich addieren, sich neutralisieren, zu Synergismen führen oder ihren Mittelwert annehmen[68]. Da strenge, sehr intensive Düfte im allgemeinen nicht als angenehm empfunden werden, bestehen Zusammenhänge zwischen wahrgenommener Intensität und Qualität eines Duftes[69]. Wird die Qualität für sich allein betrachtet, so läßt sich bei Duftmischungen feststellen, daß die Wahrnehmungsqualität der einen Duftkomponente die der anderern dominieren kann[70]. In diesem Fall spricht man von Maskierung eines Duftstoffes durch einen anderen.

Eine Rolle für die Duftmaskierung spielt die Komplexität eines Duftes, die sich sowohl auf die chemische Zusammensetzung, als auch auf die wahrgenommene Duftqualität bezieht[71]. Komplexe Düfte vereinigen in sich eine große Bandbreite an Maskierungspotential bzw. konzentrieren die Aufmerksamkeit eines Beurtei-

---

[68] Vgl. Engen, T.; Odors; S. 115.

[69] Qualität im Sinne von "pleasantness/unpleasantness"; ebenda, S.126.

[70] Vgl. Engen, T.; Odors; S. 116.

[71] Ebenda, S. 119.

lenden durch die Schwierigkeit ihrer Beschreibung und Charakterisierung auf sich.

Aus den Möglichkeiten, durch Zusammenbringen mehrerer Düfte neue qualitative und intensitätsmäßige Wirkungen hervorzurufen, lassen sich vielfältige Anwendungsbereiche für den Hersteller eines Produktes mit olfaktorischem Profil ableiten. Je nachdem ob er versucht, das Duftprofil abzuschwächen, zu neutralisieren oder es zu verstärken, steuert der Hersteller den Informationsgehalt des Duftes für den Konsumenten. Der Produktgestalter kann somit Produktwahrnehmungen in die von ihm erwünschte Richtung lenken und gezielt auf die produktspezifischen Besonderheiten eines Produktes abstimmen. Beispielsweise läßt sich durch den Einsatz von Duftstoffen ein bestimmter Eigengeruch eines Produktes überdecken (wie den der Weichmacher in Plastikteilen) oder ein Produkt verhaltenssteuernd mit aktivierend wirkenden Komponenten (z.B. Vanillin) ausstatten, die zu unbewußten Hinwendungsreaktionen zu dem Produkt führen (wie etwa in Kinderspielzeug).

Des weiteren werden - und hier liegt eine der Hauptaufgaben eines Duftes - dem Konsumenten Informationen über Qualität und Wirkungsweise eines ansonsten aussageschwachen oder schwer zu beurteilenden Produktes über die Suggestivkraft von Duftstoffen vermittelt. Als Beispiel möge die suggestive Rolle eines Parfüms in einer Nachtcreme im Unterschied zu der eines Parfüms in einem Nagellack dienen[72]. Der Duft der Nachtcreme ist Träger weitaus komplexerer und differenzierterer Informationen über die Wirksamkeit und Zuverlässigkeit des Produktes, als dies beim Duft eines Nagellackes der Fall ist.

Bis jetzt sind Anwendungsbereiche für Düfte als Informationsträger beschrieben worden, bei denen der Produktgestalter mittels bewußt eingesetzter Düfte die Voraussetzung für das Entstehen von Produktpräferenzen schafft. Düfte können aber auch direkter Ansatzpunkt für Präferenzen sein, wenn sie den eigentlichen Produktnutzen darstellen. Als Beispiel gelten hierfür therapeutisch wirksame Duftnoten wie etwa Lavendel oder Jasmin, die verstärkt in Kosmetika eingesetzt werden. Sie zeigen, daß Duftwahrnehmung nicht nur vom körperlichen Zustand abhängt, sondern diesen auch beeinflussen kann[73].

Ein weiterer Anwendungsbereich von Düften als unmittelbar präferenzbildende Produkteigenschaft liegt vor, wenn sie dem Konsumenten einen zusätzlichen

---

[72] Vgl. Jellinek, J. S.; Parfümieren; S. 18 f.
[73] Vgl. Engen, T.; Odors; S. 139.

Nutzen kommunizieren, den er für sich aus dem Produkterlebnis ziehen kann. Die Tendenz zur Erlebniswertorientierung des Konsumenten spielt für den Einsatz von Düften in der Produktgestaltung eine wesentliche Rolle. Duftstoffe und das von ihnen ausgehende Dufterlebnis befriedigen den Konsumentenwunsch nach individuellem Produkterleben und können die entscheidenden Bestimmungsgründe des Kaufverhaltens darstellen.

Aktuelle Beispiele für ein zusätzlich in die Produktwahrnehmung integriertes Dufterlebnis sind im Einsatz von Duftstoffen in Klimaanlagen von Geschäften, Restaurants, Freizeit-, Fitness- und Erholungsstätten und in ihrer Verwendung in Markenkonsumgütern zu sehen, die bislang ohne olfaktorisches Profil auf den Markt kamen, wie etwa Kleidung, Filzstifte oder Uhren.

Die Anwendungsmöglichkeiten von Düften in der Produktgestaltung sind damit bei weitem noch nicht ausgeschöpft. Ein großes Potential liegt in der Beduftung der unübersehbaren Menge an Plastikteilen, mit der ein Konsument ständig in Berührung kommt und durch deren Dufterlebnis er nachhaltig beeinflußt werden kann. Die Palette solcher Produkte reicht von der Zahnbürste zum Armaturenbrett eines Autos, von Gummistiefeln bis zu den Gehäusen elektrischer Geräte.

Weiterhin bieten sich sämtliche Materialien der Raumgestaltung an, um als Träger von Duftstoffen den Räumen eine Persönlichkeit zu geben, in denen sich Menschen täglich aufhalten und bewegen. Dies können nicht nur private Räumlichkeiten sondern auch Geschäftsräume, Restaurants, Hotels, Schulen oder Universitäten sowie die Innenräume von Nah- und Fernverkehrsmitteln sein.

Mit dem Einsatz von Düften in diesem Anwendungsbereich bieten sich große Chancen zur Produktprofilierung und zur Steuerung des körperlichen und seelischen Wohlbefindens des Menschen (z.B. in Konferenzräumen von Hotels mit anregender oder beruhigender Duftatmosphäre oder in Flugzeugkabinen mit abhängig vom Flugziel wechselnder Beduftung über die Klimaanlage).

2.2. Zusammenfassende Darstellung der olfaktorischen Prozesse in ihrer Relevanz für das Marketing

Wie Abb. 1 zeigt, können zur Ausgestaltung eines Produktes Duftstoffe als Träger mannigfaltiger Informationen mit unterschiedlichen Wirkungen auf das Verhalten der Konsumenten eingesetzt sowie die Besonderheiten menschlicher Duftwahrnehmung für Belange der Produktgestaltung ausgenutzt werden.

Ohne auf die Merkmale der Präferenzbildung der Konsumenten und auf ihre Bestimmungsgründe einzugehen – sie stehen im Mittelpunkt des 3. Kapitels – lassen sich aus den bereits vorgestellten Eigenschaften der Duftstoffe und den Besonderheiten ihrer Wahrnehmung diverse Rückschlüsse auf eine präferenzorientierte Produktgestaltung mit olfaktorischen Produktkomponenten ziehen, wobei im folgenden die wichtigsten Gestaltungshinweise zusammengefaßt und in ihrer Relevanz für das Marketing verdeutlicht werden sollen.

Abb. 1: Düfte als Entscheidungsparameter im Marketing

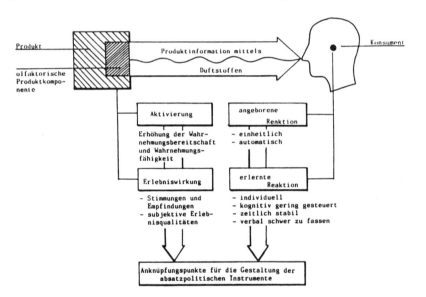

Zu den Gestaltungshinweisen, die sich aus den Merkmalen menschlicher Duftwahrnehmung ableiten, zählen insbesondere deren individuelle, segmentspezifische und kulturelle Besonderheiten, die zu grundlegenden Entscheidungen hinsichtlich der Marketingstrategie führen (undifferenzierte bzw. differenzierte Marktbearbeitung). Ebenso dazu gehört die lange zeitliche Konstanz von Dufterinnerungen, die den gezielten Einsatz von Düften als wesentlicher Teil des Produkterlebnisses zwingend nahelegt.

Weiterhin hat die emotionale, kognitiv gering gesteuerte Wirkung eines Duftes und daraus abgeleitet die schlechte Verbalisierungsfähigkeit von Dufterlebnissen und deren Verbindung mit Parallelreizen anderer Modalität Einfluß auf die ganzheitlich orientierte Ausgestaltung eines Produktes.

Die beiden duftimmanenten Einflußfaktoren, die die Produktgestaltung maßgebend prägen, sind Aktivierungs- und Erlebniswirkungen, die von Düften ausgehen. Mit der Aktivierungswirkung von Duftstoffen wird die grundsätzliche Voraussetzung zur Verarbeitung von komplexen Produktinformationen gegeben. Aktivierende Düfte haben Hinweischarakter, sie profilieren die Produktbotschaft und fungieren somit als prägender Teil einer "Produktpersönlichkeit".

Düfte steuern auch unmittelbar aus sich selbst zu einem Produkterlebnis bei. Dies geschieht in Form der Übermittlung von Stimmungen, Empfindungen und anderen subjektiven Erlebnisqualitäten. Der Kernbereich der Produktgestaltung mit Duftstoffen umfaßt die Auswahl derjenigen Duftstoffe, die dem Konsumenten aufgrund ihrer Aktivierungs- und Erlebniswirkungen die von ihm erwünschten Erlebnisqualitäten vermitteln und ihn damit zum Kauf des Produktes bewegen.

Aufgrund ihrer Eigenschaften, unmittelbar und unwiderstehlich auf den Menschen zu wirken und mit erheblichem emotionalen Gewicht seine Handlungen zu beeinflussen, kann Düften eine wichtige Rolle bei der Ausgestaltung eines Produktes mit präferenzbildenden Eigenschaften und damit auch ein erheblicher Stellenwert für das gesamte absatzpolitische Instrumentarium zugesprochen werden.

2.3. Berücksichtigung von Düften und Duftstoffen in der Marketing-Literatur

In der neueren Marketing-Literatur finden wir im Blick auf die uns interessierende Frage drei Darstellungsformen. Die erste Form umfaßt Werke, die global Marketing-Strategien und deren Planung behandeln. Diese werden theoretisch und anhand von allgemein gehaltenen Beispielen erklärt, konkrete Hinweise auf produkt- oder unternehmensindividuelle Möglichkeiten sind für den jeweiligen Anwendungsbereich abzuleiten. Die Einsatzmöglichkeiten von Duftstoffen bleiben gänzlich unerwähnt. Autoren derartiger Werke sind u.a. BECKER[74], BROCKHOFF[75], GUTENBERG[76], KOTLER[77], MEFFERT[78], NIESCHLAG et al.[79].

Die zweite Form umfaßt Veröffentlichungen, die sich mit einzelnen Produkteigenschaften befassen und darunter auch den Geruch erwähnen. Teilweise werden auch Bereiche, in denen der Geruch als Element hervortritt, und die Bedeutung des Geruchs erwähnt. WYSS z.b. schreibt, daß der Geruch im Nahrungs- und Genußmittelbereich sowie in der kosmetischen Industrie eine wichtige Produkteigenschaft ist[80]. KOPPELMANN sieht "Geruchsansprüche" der Konsumenten bei Lebensmitteln[81]. Er betrachtet den Geruchssinn zusammen mit dem Geschmacks- und Tastsinn als niederen Sinn, da dieser für den kultivierten Menschen von größerer Entbehrlichkeit sei als Gesichts- und Hörsinn[82].

Die dritte Form umfaßt Veröffentlichungen, die im Geruch ein Produktmerkmal sehen, dem vom Konsumenten bewußt oder unbewußt Bedeutung beigemessen wird. KAPFERER und DISCH verstehen den Geruch als ein wertbildendes Element des Produkts. Der Geruch ist bei der Produktgestaltung zu berücksichtigen, um zum einen die Erlebniswünsche des Konsumenten erfüllen zu können[83]; zum anderen soll er den Vorstellungen des Konsumenten über Materialart und -beschaffenheit (wie bspw. geruchlos, riechend, geruchsanziehend bzw. -abweisend)

---

[74] Becker, J.; Grundlagen der Marketing-Konzeption; 2. Auflage München 1988.

[75] Brockhoff, K.; Produktpolitik; Stuttgart-New York 1981.

[76] Gutenberg, E.; Grundlagen der Betriebswirtschaftslehre; Der Absatz; 15., neubearb. u. erw. Aufl., Berlin-Heidelberg-New York 1976.

[77] Kotler, P.; Marketing-Management; Analyse, Planung und Kontrolle; 4., völlig neubearb. Aufl., Stuttgart 1982.

[78] Meffert, H.; Marketing; Grundlagen der Absatzpolitik; 7., überarb. u. erw. Aufl., Wiesbaden 1986.

[79] Nieschlag, R.; Dichtl, E.; Hörschgen, H.; Marketing; 14., völlig neubearb. Aufl., Berlin 1985.

[80] Vgl. Wyss, W.; Produktgestaltung; Winterthur 1964, S. 13.

[81] Vgl. Koppelmann, U.; Produktmarketing; Entscheidungsgrundlage für Produktmanager; 2., völlig neubearb. Aufl., Stuttgart-Berlin-Köln-Mainz 1987, S. 114.

[82] Vgl. ebenda, S. 48.

[83] Vgl. Kapferer, C.; Disch, W.; Absatzwirtschaftliche Produktpolitik; Köln-Opladen 1967, S. 29.

entsprechen[84]. HAMANN beschreibt den Produktgeruch als Mittel, das akquisitorische Potential zu erhöhen, als Identifikationserleichterung und als Kaufanreiz[85]. Dieser Anreiz ist auch wirksam, wenn er unbewußt wahrgenommen wird, da auch in diesem Fall das Produkt in den Augen des Konsumenten eine Wertsteigerung erfährt. Der Geruch signalisiert das Nutzenprofil des Produktes. Er kann dieses auch erweitern oder vertiefen[86].

KROEBER-RIEL mißt von allen Autoren dem Geruch bzw. den Duftstoffen die größte Bedeutung bei. Er sieht im Geruch einen Schlüsselreiz, der die Konsumenten ausgesprochen stark aktiviert und deswegen für deren Beeinflussung geeignet ist[87]. Duftstoffe können Produkten Zusatznutzen verleihen und zählen zu den wirksamsten Auslösern von emotionalem Verhalten. Sie werden im Marketing verwendet, um eine aktivierende, anregende Atmosphäre zu schaffen und um spezifische produktbezogene Konsumerlebnisse zu vermitteln[88].

---

[84] Vgl. Kapferer, C.; Disch, W.; Absatzwirtschaftliche Produktpolitik; S. 45.
[85] Vgl. Hamann, H.; Die Produktgestaltung; Rahmenbedingungen-Möglichkeiten-Optimierung; Hrsg.: Gerth, E., Würzburg-Wien 1975, S. 71.
[86] Vgl. ebenda, S. 72.
[87] Vgl. Kroeber-Riel, W.; Konsumentenverhalten; S. 67.
[88] Vgl. ebenda, S. 110.

II. Düfte als präferenzbildende Produkteigenschaft in der Produktgestaltung

Aufgrund der sich verändernden Markt-, Konsum- und Kommunikationsbedingungen wird die gezielte Einbeziehung präferenzbildender Produkteigenschaften in die Produktgestaltung immer dringlicher. Dazu bieten sich Düfte aufgrund ihrer Eigenschaften in besonderem Maße an.

Zusätzlich zu den Informationen über duftspezifische Präferenzwirkungen benötigt der Produktgestalter für seine Aufgabe Kenntnis von den Besonderheiten des Präferenzbildungsprozesses der Konsumenten. Nur über die Bestimmungsgründe ihres Kaufverhaltens kann er eine systematische Einflußnahme in die gewünschte Richtung realisieren[1], d.h. planvoll diejenigen Produktkomponenten einsetzen, deren Wirkung den Anforderungen des Präferenzbildungsprozesses, besonders nach Vermittlung von emotionalen Erlebniswirkungen, entspricht. Die Analyse der Präferenzwirkung von Düften und die des Präferenzbildungsprozesses des Konsumenten sind insofern eng miteinander verbunden.

Die intensive Erfassung von Produktpräferenzen des Konsumenten wird einem Unternehmen weiterhin dadurch nahegelegt, daß durch Schaffung immer neuer Präferenzmuster und differenzierter Präferenzstrategien der Wettbewerb mit erlebnisorientierten Produkten verschärft wird. Heutzutage wird einer Hausfrau beispielsweise durch Werbung eingeschärft, daß die Wäsche "nicht nur sauber, sondern rein" sein muß. Jugendliche werden zum Kauf von Sportschuhen angeregt, indem der Hersteller diese mit Schnürsenkeln ausstattet, die nach Erdbeere riechen.

Unter Produktpräferenz[2] soll im Folgenden eine anhaltende, erlernte Prädisposition verstanden werden, ein Produkt auszuwählen oder zu benutzen. Sie entsteht aufgrund der Gesamtbewertung einer Produktalternative als Ergebnis ihrer Wahrnehmung und der relativen Bewertung ihrer Vorziehenswürdigkeit gegenüber an-

---

[1] Vgl. Schweikl, H.; Computergestützte Präferenzanalyse mit individuell wichtigen Produktmerkmalen; Berlin 1985, S. 26.

[2] In der einschlägigen Literatur werden die Begriffe Einstellung und Präferenz teilweise synonym gebraucht. Der Begriff der Einstellung weist Parallelen zu dem der Präferenz auf; der Einstellungswert für ein Objekt gilt als Grad der Präferenz.

deren Alternativen[3]. Wichtige Komponenten dieser Definition, die relativ hohe zeitliche Stabilität und die Verhaltensrelevanz von Präferenzen, sind bereits im Zusammenhang mit Duftpräferenzen deutlich geworden. Die Tatsache, daß sich Präferenzen aus einer affektiven (Bewertungs-) und einer kognitiven (Wahrnehmungs-) Komponente zusammensetzen[4], hat Auswirkungen auf die Formulierung von Präferenzmeßmodellen.

Produktpräferenzen setzen an der chemisch-physikalischen Realität des Produktes, d.h. an dem von den Konsumenten wahrgenommenen sensorischen Produktprofil an[5]. Das bedeutet, daß Produkteigenschaften im Mittelpunkt präferenzorientierter Produktgestaltung von Unternehmen für das eigene Produkt stehen und im Hinblick auf eine Präferenzwirkungsanalyse konkurrierender Produkte die Aufgabe eines Vergleichsmaßstabes übernehmen.

In den folgenden Abschnitten wird die Präferenzwirkung von Produkteigenschaften analysiert, ihre Einbindung in den Perzeptions- und Präferenzbildungsprozeß des Konsumenten einerseits und in den Produktgestaltungsprozeß des Unternehmens andererseits dargestellt und an Beispielen aus dem Duftbereich verdeutlicht.

1. Produktgestaltung als ganzheitlicher Prozeß

Ziel der Produktgestaltung ist es, produktpolitische Alternativen zu bisherigen Produkten in Form von Produktinnovationen, Produktvariationen oder Produkteliminationen zu entwickeln[6], wobei die Produktinnovation als der umfassendste Gestaltungsprozeß im Mittelpunkt der folgenden Ausführungen steht. Die Ganzheitlichkeit des Produktgestaltungsprozesses bezieht sich auf seine Vorgehensweise und auf seine Gestaltungsobjekte.

---

[3] Vgl. die Definitionen von "Präferenz" in Böcker, F.; Präferenzforschung als Mittel marktorientierter Unternehmensführung; in: ZfbF 38 (7/8/1986), S.556; Pessemier, E. A.; Product Management; 2. Aufl., New York 1982, S. 279 und Schweikl, H.; Präferenzanalyse; S. 26.

[4] Als dritte Komponente wird häufig auch eine konative (handlungsauslösende) Komponente gesehen; vgl. Andritzky, K.; Die Operationalisierbarkeit von Theorien zum Konsumentenverhalten; Berlin 1976, S. 215.

[5] Vgl. Böcker; F.; Präferenzforschung; S. 552 f.

[6] Vgl. Böcker, F.; Marketing; S. 192.

Produktgestaltung umfaßt zum einen die schrittweise Konkretisierung in der Gestaltung eines Produktes von der Bedarfserkundung über die Zielgruppenbestimmung und die Grobkonzeption des Produktes. Sie führt über diverse Positionierungsmodelle zur Ausgestaltung eines theoretisch marktfähigen Marketing-Mixes für ein Projekt und reicht über Konzept-, Produkt- und Markttests schließlich bis zur Markteinführung der aussichtsreichsten Produktalternative[7].

Der prozeßhafte Charakter verdeutlicht, daß Produktgestaltung mehr erfordert als eine zeitpunktbezogene Einzelentscheidung[8]. Es sind in allen Gestaltungsphasen ständing Rückkoppelungs- und Angleichmechanismen untereinander und mit anderen Unternehmensbereichen erforderlich[9]. Damit ist sichergestellt, daß vom Gestaltungsprozeß her eine bestmögliche Grundlage für die erfolgreiche Markteinführung eines Produktes geschaffen wird.

Auf der anderen Seite macht Produktgestaltung die Berücksichtigung und Integration aller Produkteigenschaften notwendig, insbesondere derjenigen, die das Kaufverhalten determinieren. Produktgestaltung bezieht sich daher auch auf Tätigkeiten der Präferenzforschung und umfaßt die Wirkungsanalyse von Produkteigenschaften im Perzeptions- und Präferenzbildungsprozeß des Konsumenten unter besonderer Berücksichtigung der Ganzheitlichkeit seines Produkterlebnisses.

Im Hinblick auf ihre Gestaltungsobjekte wird im Folgenden in einer weiteren Differenzierung unter Produktgestaltung die Gestaltung des physischen Produktes selbst (Produktgestaltung i.e.S.), wie auch die Gestaltung des gesamten, sich am physischen Produkt ausrichtenden Marketing-Komplexes, also die Gestaltung des Preises, der distributionswirtschaftlichen Bedingungen und der produktbezogenen Marktkommunikation (Produktgestaltung i.w.S.) verstanden[10]. Diese weite Fassung der Produktgestaltung beruht auf einem Produktbegriff, der den Ausführungen zur präferenzorientierten Produktgestaltung mit Duftstoffen zugrundeliegen wird.

---

[7] Vgl. Urban, G. L.; Hauser, J. R.; Design and Marketing of New Products; Englewood Cliffs 1980, S. 67 ff. und Pessemier, E. A.; Product Management; S. 15 f.

[8] Vgl. Brockhoff, K.; Produktpolitik; S. 54.

[9] Vgl. ebenda, S. 56.

[10] Vgl. Böcker, F.; Marketing; S. 187 ff.

2. Eigenschaftsbündel als Grundlage der Produktgestaltung

In den nachstehenden Abschnitten wird der in der Marketingwissenschaft üblichen Sichtweise gefolgt, daß Produkte als Bündel von Eigenschaften aufzufassen sind, die der Anbieter im Hinblick auf eine erwartete Bedürfnisbefriedigung beim Verwender zusammenstellt und am Markt anbietet[11]. Aus Sicht des Konsumenten steht ein Produkt für einen potentiellen Konsumnutzen (consumption benefit)[12]. Beide Aspekte werden im Produktmodell von MYERS und SHOCKER berücksichtigt.

2.1. Das Produktmodell von Myers und Shocker

Dieses Modell[13] stellt das Produkt als Summe dreier Eigenschaftskategorien dar. Mit diesen Eigenschaftskategorien liegt ein einheitliches Klassifikationsschema für alle Produkteigenschaften vor. Somit wird über die Methode der begrifflichen Abstraktion ein allgemeingültiger Produktbegriff eingeführt, dessen Komponenten die Besonderheiten, Ähnlichkeiten und Unterschiede aller Produkte darstellen und vergleichbar machen[14].

Das Ziel dieses Ansatzes ist es, den unterschiedlichen Rollen von Produkteigenschaften bei Produktbewertungen und Auswahlentscheidungen im Perzeptions- und Präferenzbildungsprozeß des Konsumenten mit einem passenden Klassifikationsschema gerecht zu werden, das gleichzeitig auch Informationen für die unterschiedliche Behandlung von Produktmerkmalen in Präferenzmessungen gibt. Des weiteren wird dem betrieblichen Forschungs-, Entwicklungs- und Marketingbereich mit diesem Modell eine Leitlinie zur Hand gegeben, wie Ergebnisse aus der Konsumenten- und Marktforschung in reale Produkte transformiert werden können. Das Modell von MYERS und SHOCKER gibt also sowohl Hinweise für die Bewertung von Produktpräferenzen als auch für deren Umsetzung in Produkte.

---

[11] Vgl. Brockhoff, K.; Produktpolitik; S. 3 und Kotler, P.; Marketing-Management; S. 363.

[12] Vgl. Pessemier, E. A.; Product Management; S. 12.

[13] Vgl. Myers, J. H.; Shocker, A. D.; The Nature of Product-Related Attributes; in: Sheth, J. N. (Hrsg.); Research in Marketing, Vol. 5, Greenwich 1981, S. 211-236.

[14] Zu den Stärken und Schwächen der Generalisation im Vergleich zur Typenbildung und Individuation vgl. Knoblich, H.; Die typologische Methode; in: WiST, Heft 4, April 1972, S. 141-147.

2.2. Eigenschaftskategorien

Das Modell umfaßt die Eigenschaftskategorien "charakteristics" (im Folgenden: CHAR), "benefits" (BEN) und "imagery" (IM)[15].

Das Klassifikationsmerkmal, nach dem Produkteigenschaften in Kategorien gegliedert werden, ist ihre Rolle in der Wechselbeziehung Konsument-Produkt: CHAR sind Merkmale, die "product-referent", BEN sind Merkmale, die "outcome-referent" und IM sind Merkmale, die "user-referent" sind[16].

Die erste Kategorie, die der Produkt-Charakteristika, CHAR, umfaßt physische Merkmale, die das Produkt an sich in seiner chemisch-physikalischen Zusammensetzung definieren und die als objektive Bestandteile des Produktes wahrgenommen werden[17]. Als Beispiele lassen sich Süße, Temperatur, Viskosität, Händlerdichte und Preis eines Produktes nennen. Da CHAR vom Produzenten weitgehend kontrollierbar sind - sie sind "producer-determined"[18]- und das Produkt vollständig konstituieren, fällt ihnen im Rahmen der Produktpolitik des Unternehmens eine besonders wichtige Rolle zu.

Die zweite Merkmalskategorie reflektiert den vom Konsumenten wahrgenommenen Gebrauchsnutzen eines Produktes, BEN, der ihm bei dessen Benutzung entsteht. Die Zuordnung basiert vollkommen auf subjektiven Bewertungen des Nutzens oder Gebrauchsvorteils des Gutes. BEN sind "consumer-determined"[19] und stellen die für die Kaufentscheidung der Konsumenten unter Alternativen wichtigste Eigenschaftskategorie dar[20]. Unter BEN eines Produktes fallen Eigenschaften wie "mild und schonend", "durstlöschend" und "preiswert".

Die dritte Kategorie, IM, beschreibt diejenigen Produktmerkmale, von denen der Konsument denkt, daß sie ihm in seinen oder den Augen der Umwelt ein Image

---

[15] Vgl. Myers, J. H.; Shocker, A. D.; Attributes; S. 213 und Tab. 3 im Anhang.

[16] Vgl. ebenda, S.213.

[17] Vgl. ebenda, S. 212 ff.; vgl. hierzu auch die Arbeiten von H. Knoblich zur Warentypologie; insbes. Betriebswirtschaftliche Warentypologie; Köln und Opladen 1969, S. 85-119 (Merkmalskatalog).

[18] Vgl. Myers, J. H.; Shocker, A. D.; Attributes; S. 228.

[19] Vgl. ebenda.

[20] Vgl. ebenda, S. 212 ff.

verschaffen[21]. Die Assoziationen, die mit dem Produkt hervorgerufen werden, sind in hohem Maße von der Persönlichkeit des einzelnen abhängig und können nur durch Kommunikationspolitik oder den Konsumenten selbst existent werden. Diese Kategorie spielt die entscheidende Rolle bei der Konsumentscheidung für imagebildende oder symbolträchtige Produkte wie Kosmetika und Mode. IM gewinnen im Hinblick auf die in der Einführung geschilderten Tendenzen an Bedeutung für Konsument und Produzent. Beispiele für IM sind Produkteigenschaften wie "Macht mich zur treusorgenden Mutter" oder "Gibt mir das Aussehen eines Filmstars".

Exkurs: Alternative Einteilungskonzepte

Auch die Produktbegriffe von BÖCKER, KOTLER und MEFFERT weisen die Tendenz zur Abstraktion auf. Gemeinsam ist ihren Definitionen die Grundkonzeption der Einteilung eines Produktes in Elemente des Produktgrundnutzens (Kernprodukt, Grundelement) und des Zusatznutzens (formales und erweitertes Produkt, Produktäußeres, sonstige nutzenbeeinflussende Faktoren)[22].

Kritisch zu beurteilen sind die Modelle in der Hinsicht, daß sie nicht an das Abstraktionsniveau des Modells von MYERS und SHOCKER heranreichen. Es kann deshalb zu unklaren Zuordnungen von Produkteigenschaften zu Produktkategorien kommen. Diese Zuordnungen sind entweder nicht für alle Produkte nachvollziehbar, lassen sich Interpretationsspielräume offen oder liefern nur geringe Hinweise für die Produktgestaltung.

Als Beispiel zu diesen drei Kritikpunkten läßt sich anführen, daß die Kategorie "erweitertes Produkt" von KOTLER u.a. Liefer- und Serviceleistungen beinhaltet, also Produktnutzenmerkmale, die man nicht bei allen Produkten findet und die man bei manchen Produkten u.U. auch zum "Kernprodukt" rechnen könnte (z.B. Partyservice, Anlieferung von hochwertigen Gebrauchsgütern). Unklar bleibt z.B. beim Produktbegriff von MEFFERT, ob ästhetische und symbolische Eigenschaften grundsätzlich einer eigenen Eigenschaftkategorie angehören, oder ob sie nicht in

---

[21] Vgl. Myers, J. H.; Shocker, A. D.; Attributes; S. 212 ff.

[22] Vgl. Böcker, F.; Marketing; S. 187 ff, Kotler, P.; Marketing-Management; S. 363 f und Meffert, H.; Marketing; S. 336. - Die Unterscheidung in Grund- und Zusatznutzen geht auf W. Vershofen zurück (siehe dazu: Die Marktentnahme als Kernstück der Wirtschaftsforschung; Berlin-Köln 1959, S. 34 ff.).

bestimmten Fällen den Grundnutzen eines Produktes darstellen (z.b. die Frage bei einigen Kosmetika, ob ihr Duft eine ästhetische und symbolische Eigenschaft ist oder dem Produktnutzen schlechthin zuzurechnen ist).

Die eingeschränkte Umsetzbarkeit einer Klassifikation für die Produktgestaltung wird anhand der Einteilung von Produkten in Elemente des Grundnutzens und Zusatznutzens deutlich[23]. Grundnutzen wird bei Befriedigung funktionaler Bedürfnisse, Zusatznutzen bei Befriedigung seelisch-geistiger Bedürfnisse gestiftet. Angesichts der wachsenden Tendenz zu erlebnisorientiertem Konsum kann der Dualismus in dieser Form als Prinzip für die Produktgestaltung keine Anwendung mehr finden und sollte durch einen ganzheitlichen Produktbegriff ersetzt werden, der eine integrative und interaktive Gestaltung seiner Produktkomponenten ermöglicht. Die Klassifikation von MYERS und SHOCKER eröffnet in dieser Hinsicht interessante Perspektiven.

2.3. Bewertungsfunktionen für die Eigenschaftskategorien

Anhand der dargestellten Eigenschaftskategorien lassen sich Hypothesen für die Wirkung ihrer Elemente hinsichtlich der Präferenzbewertung durch den Verbraucher entwickeln[24]. Ohne Klärung der Beziehung zwischen den Eigenschaftskategorien und den kategoriespezifischen Wirkungen auf Präferenzen ist es nicht möglich, für ein gegebenes Produkt geeignete Präferenzmeßmodelle auszuwählen. Die unterschiedlichen Bewertungsfunktionen für die Eigenschaftskategorien werden im folgenden in allgemeiner Weise dargestellt.

CHAR können entweder stetige oder diskrete Produkteigenschaften sein. CHAR wirken dementsprechend unterschiedlich auf Produktpräferenzen[25].

Bei stetigen Merkmalen (z.B. Duftintensität eines Shampoos) nimmt die positive Einstellung zum Produkt solange zu, bis dieses Produkt einen bestimmten Betrag an dieser Produkteigenschaft aufweist, der für den Konsumenten die Sättigungsmenge darstellt. Eine Ausprägungsmenge im mittleren Bereich ist demnach wünschenswerter als der minimal oder maximal verfügbare (u.U. negativ bewertete)

---

[23] Dieses Einteilungsschema findet sich u.a. bei Böcker, F.; Marketing; S. 199.

[24] Vgl. Myers, J. H.; Shocker, A. D.; Attributes; S. 218-223.

[25] Vgl. ebenda, S. 219.

Betrag an dieser Produkteigenschaft[26]. Für diskrete Merkmale (z.B. Größe, Form oder Farbe der Shampooflasche) lassen sich üblicherweise keine allgemeingültigen Wirkungszusammenhänge mit der Produktpräferenz aufstellen[27].

Diese postulierten Beziehungen scheinen empirisch abgesichert zu sein[28]. Wird für stetige CHAR eine Bewertungsfunktion mit mehreren Maxima gefunden, so ist die Produkteigenschaft nicht ausreichend spezifiziert worden, d.h. es existieren Marktsegmente für Produkte mit den spezifizierten Merkmalen[29]. Kritisch anzumerken ist, daß die Beziehung zwischen Ausprägungsmenge und ihrer Bewertung in weiten Bereichen durchaus auch monoton steigend sein kann (z.b. die Produkteigenschaft "Preis" beim Kauf von Markenartikeln für extrem prestigebewußte Konsumenten).

Die Wirkungszusammenhänge zwischen BEN und IM und der Produktpräferenz lassen sich wie folgt beschreiben:

Da BEN (z.B. sanfte Reinigung, natürlicher Glanz) generell wünschenswert sind, d.h. das Produkt so viel wie möglich von diesen BEN enthalten sollte, nimmt mit steigender Menge an BEN die Präferenz in gleichem Maße und zwar ausschließlich in positiver Richtung zu[30]. Den vermuteten Wirkungszusammenhang konnten MYERS und SHOCKER in empirischen Untersuchungen bestätigen[31]. IM sind wie BEN individuell unterschiedlich besetzte Eigenschaftskategorien. Allerdings ist bei IM der Zusammenhang zwischen der Menge und der Gesamtpräferenz je nach persönlicher Disposition des Konsumenten entweder ausschließlich positiv oder ausschließlich negativ, in beiden Fällen jedoch proportional zur Gesamtpräferenz[32]. Denkbar ist jedoch auch, daß IM diskret ausgeprägte Produkteigenschaften darstellen können (z.B. "jung aussehend – nicht jung aussehend")[33].

---

[26] Vgl. Abb. 2 im Anhang.

[27] Vgl. ebenda.

[28] Vgl. Myers, J. H.; Shocker, A. D.; Attributes; S. 222 und Abb. 3 im Anhang.

[29] Vgl. ebenda.

[30] Vgl. Myers, J. H.; Shocker, A. D.; Attributes; S. 220 f und Abb. 4 im Anhang.

[31] Vgl. ebenda, S. 223 und Abb. 5 im Anhang.

[32] Vgl. ebenda, S. 220 f und Abb. 4 im Anhang.

[33] Vgl. ebenda, S. 227.

3. Eigenschaftskategorien im Perzeptions- und Präferenzbildungsprozeß

3.1. Prinzipien menschlichen Informationsverhaltens

Menschliches Informationsverhalten ist so komplex, daß es noch nicht in einer geschlossenen, empirisch überprüften Theorie erklärt werden kann[34]. In der Literatur herrschen Partialkonzepte vor, die ihren Schwerpunkt auf spezielle Aspekte oder Elemente des Informationsverhaltens legen, und zwar auf den subjektiven Informationsbedarf, die Informationsbeschaffung, die Informationsspeicherung, die Informationsverarbeitung und die Informationsweitergabe in der Kaufsituation[35].

RAFFEE und SILBERER vermuten als allen Teilmodellen zugrundeliegende Leitprinzipien menschlichen Informationsverhaltens das "Kapazitätsprinzip" und das "Gratifikationsprinzip"[36]. Das erste Prinzip besagt, daß menschliches Verhalten aufgrund begrenzter verbaler, kognitiver und sozialer Fähigkeiten, aufgrund begrenzter Erfahrungen und Kenntnisse und aufgrund begrenzter Ressourcen an Zeit, Geld und Energie Beschränkungen unterworfen ist. Der Mensch ist nur eingeschränkt in der Lage, vorhandene Verhaltensmöglichkeiten zu erkennen, d.h. Reize sensorisch zu entdecken ("detection"), Reize nach ihrer Anzahl zu unterscheiden ("discrimination") und sie wiederzuerkennen ("recognition")[37]. Ebenso ist die umfassende und konsistente Beurteilung der Reize ("scaling")[38] eingeschränkt und damit auch die konsequente oder geplante Realisierung der Verhaltensmöglichkeiten[39].

Zu den Auswirkungen des Kapazitätsprinzips kommt hinzu, daß die Nutzung vorhandener Verhaltensspielräume von den jeweiligen Kosten-Nutzen-Erwartungen

---

[34] Vgl. Raffée, H.; Silberer, G.; Konsumenteninformation und Informationsverhalten von Konsumenten; in: Raffée, H.; Silberer, G. (Hrsg.); Informationsverhalten des Konsumenten; Wiesbaden 1981, S. 20.

[35] Vgl. ebenda, S. 29 ff.

[36] Ebenda, S. 51 ff.

[37] Vgl. Snodgrass, J. G.; Psychophysics; in: Scharf, B.; Reynolds, G. S. (Hrsg.); Experimental Sensory Psychology; Glenview, Illinois 1975, S. 16 ff.

[38] Vgl. Snodgrass, J. G.; Psychophysics; S. 16 ff.

[39] Vgl. Silberer, G.; Informationsverhalten; S. 52.

bezüglich der in Betracht gezogenen Verhaltensalternativen abhängt[40]. Man kann von menschlichem Gratifikationsstreben sprechen, wobei die Belohnung materieller oder immaterieller Art sein kann. Gratifikationserwartungen hinsichtlcih menschlichen Informationsverhaltens sind in der Reduktion wahrgenommener Kaufrisiken, in der Reduktion kognitiver Dissonanzen, im Streben nach Erfolg und Kompetenz, oder einfach in dem Bemühen begründet, eine gute Kaufentscheidung zu treffen, um letztlich das Konsumziel zu erreichen[41].

Der Informationsverarbeitungsprozeß, der diesen Leitprinzipien unterliegt, wird in der Literatur verbreitet in Form eines vereinfachten Modells dargestellt; es soll dieser Arbeit zugrundeliegen: Das "lens modell"[42] (Brunswick, 1952) umfaßt die Konkretisierung der Kaufentscheidung von Individuen in einzelnen kognitiven Beurteilungsprozessen (Wahrnehmung und Präferenzbildungsprozeß), die diversen Einflüssen und Restriktionen unterliegen.

Ausgangspunkt des Verarbeitungsprozesses ist die intersubjektiv einheitliche physikalisch-chemische Realität[43], d.h. die CHAR eines Produktes. Diese Eigenschaftskategorie wird vom Konsumenten wahrgenommen und in eine subjektivspezifische kognitive Realität transformiert, die die wahrgenommenen CHAR, BEN und IM umfaßt. Diese Realität entsteht nicht nur aufgrund produktbezogener Stimuli, sondern wird auch durch psycho-soziale Einflüsse und Motive geformt[44].

An die kognitive Realität des Konsumenten, besonders an BEN und IM[45] sind weitergehende Verarbeitungsprozesse geknüpft. Ergebnis dieser Prozesse sind Präferenzurteile gegenüber dem perzipierten Objekt[46]. Präferenzen bilden den Ausgangspunkt für die weitere Informationsverarbeitung, die jedoch auch von situativen Faktoren oder finanziellen oder zeitlichen Restriktionen beeinflußt werden kann. Das Ende des Prozesses stellt beobachtbares Verhalten (Kaufverhalten) dar (vgl. Abb. 6).

---

[40] Vgl. Silberer, G.; Informationsverhalten; S. 51 und Schanz, G.; Verhalten in Wirtschaftsorganisationen; München 1978, S. 24.

[41] Vgl. Silberer, G.; Informationsverhalten, S. 52 f.

[42] Vgl. Böcker, F.; Präferenzforschung; S. 552 und Myers, J. H.; Shocker, A. D.;Attributes; S. 225.

[43] Vgl. Böcker, F.; Präferenzforschung; S. 551 ff.

[44] Vgl. ebenda, S. 551 ff.

[45] Vgl. Myers, J. H.; Shocker, A. D.; Attributes; S. 225 f.

[46] Vgl. Böcker, F.; Präferenzforschung; S. 551 ff.

Abb. 6: Ablaufschema des Perzeptions- und Präferenzbildungsprozesses in Anlehnung an BÖCKER[47]

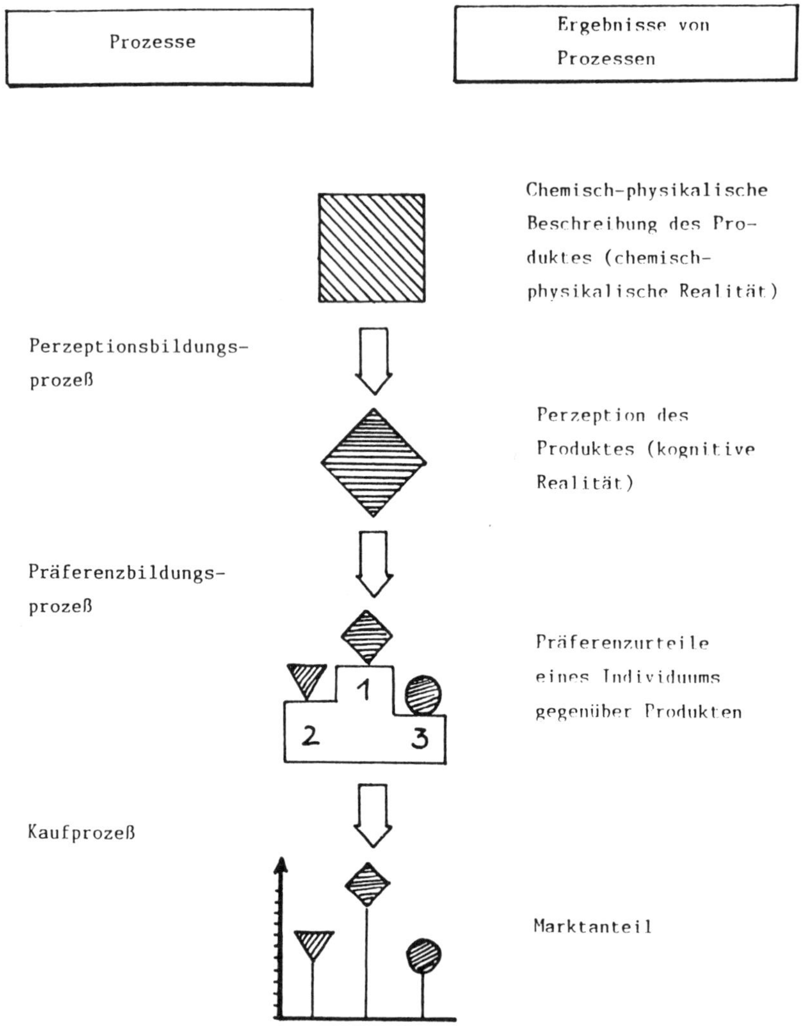

Prozesse	Ergebnisse von Prozessen

Perzeptionsbildungsprozeß

Chemisch-physikalische Beschreibung des Produktes (chemisch-physikalische Realität)

Perzeption des Produktes (kognitive Realität)

Präferenzbildungsprozeß

Präferenzurteile eines Individuums gegenüber Produkten

Kaufprozeß

Marktanteil

---

[47] Vgl. Böcker, F.; Präferenzforschung; S. 552.

Im folgenden wird menschliches Informationsverhalten hinsichtlich seines Perzeptions- und Präferenzbildungsprozesses spezifiziert und auf die Verarbeitung von olfaktorischen Reizen bezogen.

3.2. Der Perzeptionsbildungsprozeß

Wahrnehmung oder Perzeption umfaßt die Entschlüsselung aufgenommener Reize und ihre gedankliche Weiterverarbeitung bis zur Beurteilung des wahrgenommenen Gegenstandes[48].

Merkmal des Perzeptionsprozesses ist es, "subjektiv gefärbte Abbilder der physikalisch-chemischen Realität des Beurteilers"[49] herzustellen. Damit werden objektive Reize, die vom sensorischen Profil eines Gegenstandes ausgehen, in korrespondierende subjektiv-physische Größen transformiert, wie es beispielsweise bei der sensualen Umsetzung chemischer Eigenschaften eines Duftes in ein individuelles Dufterlebnis der Fall ist.

Ein weiteres Merkmal ist, daß Informationsaufnahme und -verarbeitung einen aktiven Vorgang darstellen, mit dem der einzelne Konsument über selektive Filter aus der unübersehbaren Menge der Informationen seine subjektive kognitive Realität konstruiert. Empirisch belegt ist, daß aus der Menge der verfügbaren Informationen maximal 5 bis 8 Informationen als Grundlage von Verarbeitungsprozessen herangezogen werden[50].

Die Umsetzung objektiver Reize in subjektive Größen bezeichnet man als psychophysikalische Transformation[51].

---

[48] Vgl. Kroeber-Riel, W.; Konsumentenverhalten; S. 273 und die folgende Charakterisierung der Wahrnehmung, ebenda, S. 258: "Wahrnehmen heißt, Gegenstände, Vorgänge und Beziehungen in bestimmter Weise sehen, hören, tasten, schmecken, riechen, empfinden und diese subjektiven Erfahrungen interpretieren und in einen sinnvollen Zusammenhang bringen".

[49] Böcker, F.; Präferenzforschung; S. 546.

[50] Vgl. Bleicker, U.; Produktbeurteilung der Konsumenten; Würzburg 1983, S. 16.

[51] Psychophysikalische Transformationen stehen im Mittelpunkt der Fragestellungen der Psychophysik. Sie wurde von G. T. Fechner (1801-1887) begründet, um die funktionalen Beziehungen zwischen Verhaltensvariablen und Reizvariablen festzustellen, mithin die Relationen zwischen Körper und Geist zu erforschen. Eine Darstellung findet sich bei Snodgrass, J. G.; Psychophysics; S. 17-67

Abb. 7: Der Perzeptionsbildungsprozeß

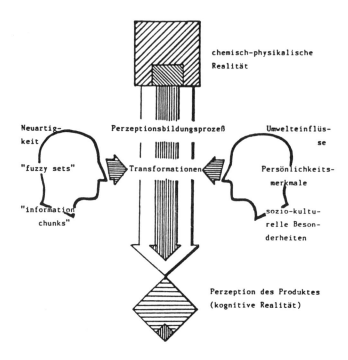

3.2.1. Merkmale von Transformationen

Subjektiv erzeugte Abbilder der Realität unterliegen Verzerrungen, die die Natur der Transformationen wesenlich prägen. Die Menge der physikalisch-chemischen Merkmale stimmt deswegen üblicherweise nicht mit der der kognitiven Perzeptionsmerkmale überein[52].

Charakteristisch für die menschliche Informationsverarbeitung ist das Ordnen der kognitiven Realität der vom Menschen wahrgenommenen Gegenstände in Klassen (sets)[53]. Die Besonderheit dieser "sets" ist darin zu sehen, daß sie sich

---

[52] Vgl. Böcker, F.; Präferenzforschung; S. 556 sowie Abb. 7 auf S. 40.

[53] Vgl. Tajfel, H.; Social Cognition, Perspectives on Everyday Understanding; London 1981, S. 115 f.

nicht eindeutig mit mathematischen Regeln definieren, d.h. abgrenzen lassen. Die Zuordnungskriterien der Elemente zu einem "set" sind unscharf ("fuzzy") und Grenzfälle somit nicht eindeutig zu klassifizieren[54].

Die Problematik der "fuzzy sets" tritt auch bei der Produktbeurteilung auf. Die Zuordnung von Produkteigenschaften in die Eigenschaftskategorien CHAR, BEN und IM wird interindividuell unterschiedlich vorgenommen und ist u.a. von Persönlichkeitsmerkmalen, sozio-kulturellen Besonderheiten und Umwelteinflüssen bestimmt[55]. Dies führt dazu, daß der gleiche Sachverhalt (z.B. ein neues Waschmittel) von zwei Beurteilenden in unterschiedliche "sets" (in diesem Fall in unterschiedliche Eigenschaftskategorien) integriert wird (der eine nimmt wahr, daß das Waschmittel parfümiert ist: CHAR, der andere bemerkt, daß es angenehm parfümiert ist: BEN). Dies hat unmittelbare Auswirkungen auf weitergehende Beurteilungsprozesse, je nachdem, ob sie der Beurteilende an CHAR, BEN oder IM ansetzt.

Relevant wird die Subjektivität der Wahrnehmung von Produkteigenschaften für den Produktgestalter in zweifacher Hinsicht. Bei Präferenztests sind vorgegebene Eigenschaftsbeschreibungen so zu formulieren, daß sie der gleichen Eigenschaftskategorie angehören[56]. Weiterhin muß der Produktgestalter bei der Ausgestaltung des Marketing-Mix darauf achten, daß die Dechiffrierung der Information durch den Konsumenten durch Schaffung eines günstigen Interpretationsrahmens in die Richtung des vom Produzenten gewollten "sets" erfolgt[57].

Neben der Subjektivität der Beurteilung objektiver Merkmalsausprägungen sind bei den Eindrucksverknüpfungen der Transformationsprozesse die Ausstrahlungseffekte von verarbeiteten Merkmalsausprägungen zu nennen. Darunter fallen sogenannte "information chunks" und Irradiationen. "Information chunks" sind Produktmerkmale, die in sich weitere zusätzliche Informationen bündeln und somit

---

[54] Vgl. Gaines, B. R.; Zadeh, L. A.; Zimmermann, H.-J.; Fuzzy Sets and Decision Analysis - A Perspective; in: Zimmermann, H.-J.; Zadeh, L. A.; Gaines, B. R. (Hrsg.); Fuzzy Sets and Decision Analysis; Amsterdam 1984, S.4.

[55] Vgl. Kroeber-Riel, W.; Konsumentenverhalten; S. 411 ff.

[56] Vgl. Myers, J. H.; Shocker, A. D.; Attributes; S. 217, u.a. mit folgendem Zitat: "The important thing to note...is that the same concept can often be positioned in either of two (or more) attribute classes, depending upon how it is represented verbally. This merely accentuates the importance of modeling decision making using attributes from the same classification." Siehe dazu Abschnitt 4.2.

[57] Vgl. Kroeber-Riel, W.; Konsumentenverhalten; S. 289.

"informationsverarbeitungsentlastende Wirkung"[58] haben. Markenname, Testurteile, Preis und Geschäftsimage stellen solche, die Verarbeitungskapazität schonende "chunks" dar. Irradiationen sind Ausstrahlungseffekte von einem Bereich auf den anderen[59]. Das Erlebnis einer Produkteigenschaft kann auf das Erlebnis parallel gehender oder auch im wahrgenommenen Informationsangebot möglicherweise gar nicht enthaltener Eigenschaften in dem gleichen Sinne irradiieren, in dem es selber getönt ist[60].

Ein positiv empfundenes Dufterlebnis durch ein Produkt (z.B. der künstliche "Neuwagenduft" in Gebrauchtwagen) kann die Wahrnehmung anderer Produktkomponenten in die gleiche Richtung beeinflussen (z.B. positive Beurteilung der Innenausstattung des Gebrauchtwagens) und damit zusätzliche Produktinformationen vermitteln.

Eine weitere Eigenschaft von Transformationen ist die Abhängigkeit der kognitiven Intensität des Transformationsvorganges von der Neuartigkeit des Produktes. Bei unbekannten Produkten setzt ein extensiver Verarbeitungsprozeß ein, bei dem relativ viele Produktinformationen in einer relativ langen Beurteilungszeit aufgenommen und in eine subjektive Größe transformiert werden. Tritt mit der Zeit ein Lernprozeß bei der Informationsverarbeitung auf, werden Produkterfahrungen gemacht, verläuft der Transformationsvorgang routinemäßig. Die Transformationen werden schablonenhaft durchgeführt, die Beurteilungsmenge der Informationen aktiv auf Schlüsselinformationen reduziert. Das ermöglicht eine vereinfachte und schnellere Entscheidung und verdeutlicht, wie die menschliche Wahrnehmung aus dem Informationsangebot selektiert[61].

Für den Produktgestalter ergeben sich aus diesen generellen Eigenschaften der Transformationsprozesse folgende Hinweise auf die Produktgestaltung mit olfaktorischen Produktkomponenten:

Der wichtigste Ansatzpunkt für die Produktgestaltung ist darin zu sehen, daß objektive Leistungen des Produktes nicht nur angeboten, sondern auch so dargeboten werden müssen, daß der Konsument sie als präferenzrelevante Merkmale

---

[58] Bleicker, U.; Produktbeurteilung; S. 18.

[59] Vgl. Pelzer, K. E.; Irradiation; S. 232.

[60] Vgl. Spiegel, B.; Werbepsychologische Untersuchungsmethoden; 2. Aufl., Berlin 1970, S. 131 ff.

[61] Vgl. Kroeber-Riel, W.; Konsumentenverhalten; S. 273 ff.

erkennt[62]. Es genügt also nicht, beispielsweise einen Gebrauchtwagen mit künstlichem "Neuwagenduft" auszustatten; der Verkäufer sollte den Kunden auch darauf hinweisen, welch gute "Nase" er doch habe, sich gerade für diesen fast neuwertigen Wagen zu interessieren.

Aufgrund der subjektiv sehr unterschiedlichen Wahrnehmung von objektiven Produkteigenschaften ist ein subjektiver Interpretationsrahmen in Form eines bestimmten Marketing-Mixes zu schaffen, in dem der Konsument eigene produktindividuelle Erfahrungen, Denkschablonen und Erwartungen entwickeln kann[63]. Als Beispiel sind Werbetexte für Herrenparfums zu nennen, in denen sich fast jedermann wiederfinden kann: "Für den Mann, der seine Grenzen selbst bestimmt", "Ein Mann, ein Duft", "Tiefes Empfinden...Wahre Emotion".

Diese Vorgehensweise, einen Interpretationsrahmen zu schaffen, schließt aber auch einen strengen Segmentbezug von produktpolitischen und den sich daran anschließenden weiteren absatzpolitischen Entscheidungen ein[64]. Das verdeutlichen beispielsweise die vielfältigen Duftvariationen einer einzigen Haarpflegeserie für die entsprechenden Nutzen- und Käufersegmente.

Der Selektivität der Wahrnehmung kommt der Produktgestalter entgegen, indem er besonders bei Produktinnovationen im Hinblick auf eine Vereinfachung und Beschleunigung des Entscheidungsprozesses des Konsumenten auf den Einsatz von markanten Schlüsselinformationen und "chunks" Wert legt[65]. Schlüsselinformationen sollten darüber hinaus als "Signaleigenschaften" eingesetzt werden, um die Wahrnehmung durch gezielte Ausnutzung von Irradiationen zu verstärken[66].

3.3.2. Transformationen zwischen Produkteigenschaften

Nachdem das Charakteristische der Transformationen in allgemeiner Weise dargestellt wurde, sollen nun speziell die Wahrnehmungsvorgänge zwischen Produktei-

---

[62] Vgl. Böcker, F.; Marketing; S. 23.

[63] Vgl. Kroeber-Riel, W.; Konsumentenverhalten; S. 289.

[64] Vgl. Freter, H.; Interpretation und Aussagewert mehrdimensionaler Einstellungsmodelle im Marketing; in: Meffert, H.; Steffenhagen, H.; Freter, H. (Hrsg.); Konsumentenverhalten und Information; Wiesbaden 1979, S. 180 f.

[65] Vgl. Kroeber-Riel, W.; Konsumentenverhalten; S. 273 ff.

[66] Vgl. ebenda, S. 306.

genschaften untersucht werden. Dabei wird abermals auf das Schema von MYERS und SHOCKER zurückgegriffen. Die kognitive Realität eines Produktes in Form von CHAR, BEN und IM, die für den Konsumenten bei der Wahrnehmung objektiver, vom Produktprofil ausgehender Reize entsteht, ist der Ausgangspunkt der Betrachtung[67].

In der Sprache des Modells bedeutet Perzeption im Sinne von Informationsaufnahme und -verarbeitung, daß der Konsument Transformationen von CHAR auf BEN und IM durchführt. Diese Transformationen berücksichtigen bereits erworbene Produkterfahrungen sowie Nutzen- und Imageerwartungen, es sei denn, es handelt sich um ein dem Konsumenten unbekanntes Produkt oder eine unbekannte Produktart. Mit den aktuellen Informationen des Produktprofils und den gespeicherten Informationen aus Produkterfahrung schließt der Konsument von wahrgenommenen prägnanten Produktkomponenten auf die "Problemlösungsfähigkeit" des Produktes und auf darüber hinausgehende Imagewerte.

Die Transformation kann direkt vorgenommen werden. Beispielsweise lassen sich aus Werbe- und Verpackungstexten für Shampoos ("Hautgünstiger pH-Wert von 5,5": CHAR) Rückschlüsse auf deren Wirkungsweise ("Wäscht mein Haar sanft und schonend": BEN) ziehen[68].

Abb. 8: Transformation zwischen Produkteigenschaften

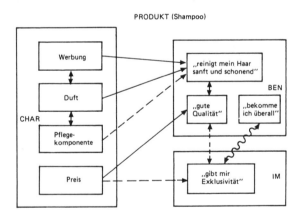

---

[67] Myers, J. H.; Shocker, A. D.; Attributes; S. 229: "...the CHAR of a firm's market offerings are relatively objective, BEN and IM exist only in the minds of the beholder.".

[68] Vgl. Abb. 8.

Dieser direkten Nutzen/Qualitätsauswertung steht die indirekte gegenüber, die der Konsument dann anwenden muß, wenn es ihm an geeigneten Sensoren fehlt, die für seine Präferenzerwartungen (BEN) verantwortlichen CHAR zu identifizieren. Der Konsument zieht dafür andere CHAR heran, die für ihn nach seinen Erfahrungen die Ursache oder einen sicheren Indikator für die erwünschten BEN darstellen[69].

Als Beispiel sei hier die Qualitätskontrolle von Shampoos durch die "Schnupperprobe" genannt. Da das Qualitätsmerkmal "sanft und schonend" (BEN) nicht direkt an der chemischen Zusammensetzung des Shampoos verifiziert werden kann, nimmt der Konsument die Bewertung anhand von "Stellvertreter"-CHAR vor. CHAR mit dieser Funktion, auf die Eigenschaften anderer Produktmerkmale zu irradiieren, bzw. zusätzliche Informationen in sich zu bündeln, sind Produktmerkmale wie Markenbezeichnung und Testurteile, können aber auch besonders prägnante, zum physikalischen Bereich des Produktes gehörende CHAR wie etwa Duft oder Farbe sein.

Aktuell ist die Tendenz im Markt für Haarpflegemittel, die Funktion des Duftes als Wirkungsindikator bei Spezialpflegemitteln (Schuppenshampoo, Haarspray) abzuschwächen und zugunsten eines weniger exponierten, phantasievolleren Duftes zu ändern. Wie schwer die Produktvariation beim Konsumenten durchzusetzen ist, wird anhand der Kommunikationspolitik für diese Produkte deutlich. Dort betont man in einer äußerst nachdrücklichen Art und Weise, daß die Produkte trotz des neuen Duftes nichts von ihrer bisherigen Wirksamkeit verloren haben. Dieses Beispiel verdeutlicht, daß der Produktgestalter bei der Aufnahme von Produkteigenschaften in das sensorische Profil eines Produktes sicherstellen muß, daß die Beziehung sämtlicher CHAR – und damit auch sämtlicher BEN und IM – im Sinne der Ganzheitlichkeit des angestrebten Produkterlebnisses für den Konsumenten konsistent zueinander ist.

Neben den BEN versucht der Konsument auch, seine Prestige- und Image-Werte im Produkt wiederzufinden. Hier lassen sich ähnliche Transformationen wie zwischen CHAR und BEN erwarten, beispielsweise die häufig anzutreffende Argumentationskette: Hoher Preis: CHAR – Exklusivität: IM. Da IM über BEN hinausgehende, durch Werbung oder den Konsumenten, d.h. von außen bestimmte Nutzenerwartungen sind, bietet sich eine weitere Differenzierung der Transformationen an. Es ist zu vermuten, daß die verhaltenssteuernde Transformation von

---

[69] Vgl. Bauer, E.; Produkttests in der Marketingforschung; Göttingen 1981, S. 18.

CHAR auf IM verläuft (Hoher Preis: CHAR – Exklusivität: IM), die Rechtfertigung des Kaufes aber über die produktgebundene Nutzenerwartung, also BEN verläuft (Hoher Preis: CHAR – "Gute Qualität": BEN)[70].

Für die Ausgestaltung des Marketing-Mix ist nun sicherzustellen, daß die verhaltenssteuernde Transformation von CHAR auf IM und die verhaltensstützende Transformation von CHAR auf BEN widerspruchsfrei zueinander vom Konsumenten vorgenommen werden können[71]. Ein dissonantes Verhältnis zwischen BEN und IM liegt z.B. vor, wenn gleichzeitig zum Imagewert Exklusivität auch die Überallerhältlichkeit des Produktes (BEN) betont wird. Damit ergibt sich für den Konsumenten ein Widerspruch zwischen BEN, IM und CHAR, also zwischen Exklusivität und Überallerhältlichkeit und ihren Grundlagen im Produkt selbst. Dem Produzenten wäre infolgedessen nicht gelungen, das vordringliche Ziel der Produktgestaltung, die Vermittlung eines in sich konsistenten, ganzheitlichen Produkterlebnisses, zu realisieren.

3.3. Der Präferenzbildungsprozeß

Im Präferenzbildungsprozeß wird die Beurteilung der physikalisch-chemischen Realität des Beurteilenden fortgesetzt, und zwar knüpft sie vor allem an den wahrgenommenen BEN und IM des Beurteilungsgegenstandes an[72]. Dies ist zu vermuten, da beide Eigenschaftskategorien den Beurteilenden über die von ihm gewünschten zusätzlichen Erlebnisqualitäten informieren, bestimmte individuelle Wertvorstellungen repräsentieren und diejenigen Produkteigenschaften kennzeichnen, die am meisten über den Benutzer/Käufer selbst aussagen. Aus diesen Gründen spielen BEN und IM beim Vergleich der Vorziehenswürdigkeit von Alternativen – und dies gilt in besonderem Maße für Produktalternativen mit olfaktorischen Produktkomponenten – eine erhebliche Rolle.

---

[70] Vgl. Abb. 8.
[71] Vgl. Abb. 8.
[72] Vgl. Myers, J. H.; Shocker, A. D.; Attributes; S. 225.

3.3.1. Merkmale der Präferenzbildung

Es scheint empirisch abgesichert zu sein, daß die Präferenzen für einen Gegenstand in Stufen gebildet werden, wobei im Folgenden von einem zweistufigen Prozeß ausgegangen werden soll, der sich in eine Vorauswahl- und eine Entscheidungsphase gliedert[73]. In der Vorauswahlphase wird bei allen Gegenständen, über die Informationen vorliegen, geprüft, ob die bei der Vorauswahl bedeutsamen Merkmale wie Schlüsselreize oder Signaleigenschaften den Mindestanforderungen hinsichtlich individueller Wertvorstellungen und Nutzenerwartungen (BEN/IM) entsprechen. Die Auswahl unterliegt bestimmten Bewertungs- und Entscheidungsregeln, die später beschrieben werden. Ergebnis des Auswahlprozesses ist die Einteilung der zur Disposition stehenden Alternativen in relevante, irrelevante und nicht näher spezifizierbare Objekte. Man spricht auch von "relevant (evoked) set", "inept set" und "inert set"[74].

Abb. 9: Die Untermengen von Produktalternativen nach BÖCKER

Für die Entscheidungsphase wichtig und Gegenstand weitergehender kognitiver Verarbeitungsprozesse ist das "relevant set". In diese Klasse stuft der Beurteiler alle Alternativen ein, die von ihm als grundsätzlich akzeptabel hinsichtlich der individuellen Vorgaben bewertet werden. Im allgemeinen scheint die Menge der von den einzelnen Konsumenten wahrgenommenen Produkte (awareness set)

---

[73] Vgl. Böcker, F.; Präferenzforschung; S. 566 ff.
[74] Vgl. Böcker, F.; Marketing; S. 53.

mindestens dreimal so groß zu sein, wie die Produktmenge, die sich in ihrem "relevant set" befindet[75].

Dieser drastische Selektionsprozeß unterstreicht die Notwendigkeit für den Produktgestalter, sein Produkt gezielt und systematisch mit Eigenschaften auszustatten, die die Zielgruppe des Produktes als erstrebenswert ansieht, im Produkt wiederfindet und dieses deshalb in ihr "relevant set" integriert. Solche Produkteigenschaften zu finden, wird für den Produktgestalter in Zeiten der zunehmenden Informationsüberlastung des Konsumenten immer schwieriger. Gerade Duftstoffe aber ermöglichen dem Produktgestalter, die Selektionsfilter der Konsumenten zu durchbrechen und Konsumenten mit dem Erlebnispotential von Düften an ein Produkt heranzuführen.

Die endgültige Entscheidung zwischen den verbliebenen Alternativen des "relevant sets" wird anhand von Bewertungs- und Entscheidungsregeln vorgenommen, die eine Rangfolge unter den Alternativen gemäß ihrer relativen Vor- und Nachteile herstellen.

Abb. 10: Die zwei Phasen der Präferenzbildung

Präferenz-bildungsphase	zu beurteilende Objekte	Auswahlprozedur	Ergebnis
Vorauswahlphase	alle Objekte, über die Informationen vorliegen	Überprüfung jedes Objekts, ob es bestimmte Mindeststandards hinsichtlich der Vorauswahl-Merkmale erfüllt	Einteilung der Objekte in − relevante − irrelevante − nicht näher bekannte Objekte
Entscheidungsphase	alle als grundsätzlich akzeptabel eingestuften Objekte	Abwägen der merkmalsbezogenen relativen Vor- und Nachteile der einzelnen Objekte	Rangordnung der Objekte nach ihrer Vorziehenswürdigkeit

Quelle: Böcker, F.; Präferenzanalyse; S. 568.

---

[75] Vgl. Urban, G. L.; Hauser, J. R.; New Products; S. 178. Urban ermittelte durchschnittlich drei Produkte im "evoked set" für Deodorantien.

3.3.2. Bewertungs- und Entscheidungsregeln

Es lassen sich Hypothesen für die Beurteilung von Produktalternativen hinsichtlich ihrer Präferenzbeiträge aufstellen, wobei zwischen kognitiv komplexen Programmen und weniger komplexen Interpretationsmechanismen unterschieden werden kann.

Zu letzteren gehören Informationsverarbeitungsregeln, die einer subjektiven "Psycho-Logik"[76] unterliegen. Durch diese Art der Entscheidungs- und Urteilsfindung, die in einer formal-logisch nicht nachvollziehbaren Weise verzerrt wird, werden Urteile durch Emotionen (Affekte) unbewußt in eine bestimmte Richtung gedrängt, durch verfestigte Vorurteile (kognitive Strukturen) begrenzt und von intuitiven Schlüssen beeinflußt[77]. Eine weitere Rolle im Zusammenhang mit diesen schwer zu durchschauenden und nachzuvollziehenden Entscheidungsprozessen spielen Denkschablonen, die zu einheitlichen Bewertungsmustern für Produktalternativen führen[78].

Systematische und an der formalen Logik orientierte Formen präferenzgerichteter Produktbewertung und -entscheidung arbeiten wesentlich differenzierter. Hier kann die Präferenzbildung für ein Produkt, das als ganzheitlich wahrgenommenes Bündel von Eigenschaften aufgefaßt wird, in einen Bewertungsprozeß der einzelnen wahrgenommenen Ausprägungen der Produkteigenschaften und in einen Verknüpfungsprozeß der Eindruckswerte zur Gesamtbeurteilung des Produktes unterteilt werden[79].

Die Beurteilungsprogramme gehorchen Bewertungsfunktionen, die die Beziehung zwischen Eigenschaftsausprägungen wahrgenommener Produkte und den Zielen und Wünschen des Entscheidenden abbilden, d.h. Präferentrelationen beschreiben[80]. Wie bereits in Abschnitt 2.3. dargestellt, werden diese Präferenzrelationen von der Zugehörigkeit der Produkteigenschaften zu einer der drei Eigenschaftskategorien bestimmt.

---

[76] Vgl. Kroeber-Riel, W.; Konsumentenverhalten; S. 292.

[77] Vgl. ebenda, S. 293.

[78] Vgl. ebenda, S. 298.

[79] Vgl. Böcker, F.; Präferenzforschung; S. 557 und Schweikl, H.; Präferenzanalyse; S. 28.

[80] Vgl. Aschenbrenner, K. M.; Komplexes Wahlverhalten: Entscheidungen zwischen multiattributen Alternativen; in: Hartmann, K. D.; Koeppler, K. (Hrsg.); Fortschritte der Marktpsychologie; Bd. 1, Frankfurt 1977, S. 25.

Die meist verwendeten (numerisch formulierten) Bewertungsfunktionen sind nach SCHWEIKL das Idealpunktmodell, das Idealvektormodell und das Teilnutzenwertmodell[81]. Die Funktionsform des Idealpunktmodells besagt, daß jede Abweichung vom Idealpunkt zu einem geringeren Nutzenwert führt. Für das Idealvektormodell gilt, daß die Nutzenänderung proportional zur Änderung der Merkmalsausprägungen ist. Das Teilnutzenwertmodell ist zwar nur für eine begrenzte Zahl von Ausprägungsstufen definiert, läßt allerdings jeden Funktionsverlauf zu und ist sowohl auf nominal skalierte als auch auf diskrete und stetige Merkmale anwendbar.

ASCHENBRENNER unterscheidet die Bewertungsfunktionen nach ihrem Skalenniveau in dichotome, ordinale und kardinale Funktionen[82]. Eine dichotome Wertfunktion liegt vor, wenn die Unterscheidung nur nach akzeptablen oder nicht akzeptablen Eigenschaftsausprägungen eines Produktes vorgenommen wird. Eine ordinale Wertfunktion bringt in die Eigenschaftsausprägungen eine Rangordnung, während eine kardinale Wertfunktion zusätzliche Informationen über den Abstand der Ausprägungen auf einem Attribut gibt.

Mit der Verknüpfung der Eindruckswerte der Produkteigenschaften eines Produktes zu einem Gesamtpräferenzwert wird eine Entscheidung unter Produktalternativen nach ihrer relativen Vorziehenswürdigkeit getroffen. SCHWEIKL betrachtet folgende Varianten: das additive, das konjunktive und das disjunktive Modell[83].

Beim additiven Modell wird die Alternative mit der höchsten gewogenen Summe der Eigenschaftswerte (Eindruckswerte) ausgewählt. Die Gewichtung kommt dadurch zustande, daß in fast allen numerisch operierenden Beurteilungsmodellen die Eindruckskomponenten (als Ausdruck des kognitiven Teils der Präferenzbildung) mit der subjektiven Bedeutung (Wichtigkeit) von Produkteigenschaften (als Ausdruck der affektiven Komponente des Präferenzbegriffes) erfragt und multiplikativ zu einem Eindruckswert verknüpft werden.

Die Additivitätshypothese impliziert die Unabhängigkeit der Eigenschaftsbewertungen, die Unabhängigkeit der multiplikativ verknüpften Eindruckswertkomponenten, ebenso wie die Gültigkeit des Idealvektormodells. Gegen die Summierung der Eindruckswerte spricht das Argument der Ganzheitshypothese der Gestalt-

---

[81] Vgl. Schweikl, H.; Präferenzanalyse; S. 28 ff.

[82] Vgl. Aschenbrenner, K. M.; Komplexes Wahlverhalten; S. 25.

[83] Vgl. Schweikl, H.; Präferenzanalyse; S. 30 f. und die komplette Übersicht aller Verknüpfungsmodelle bei Böcker, F.; Präferenzforschung; S. 558 f.

psychologie[84]. Danach scheint es gerechtfertigt zu sein, die Eindruckswerte auch multiplikativ zu verknüpfen[85].

Die Additivitätshypothese der Präferenzbildung erlaubt, wie viele Forschungsergebnisse zeigen, eine gute Vorhersage menschlicher Urteile[86]. Sie wird deswegen als wichtigste Entscheidungsregel bei der Endauswahl zwischen Produktalternativen angesehen und liegt den meisten mathematisch formulierten Präferenzmeßmodellen zugrunde.

Das konjunktive Verknüpfungsmodell besagt, daß der Beurteilende für jede Eigenschaft einen kritischen Wert bestimmt, den die Alternative auf dieser Eigenschaft mindestens haben muß, um für ihn akzeptabel zu sein[87]. Das Gegenstück zur konjunktiven ist die disjunktive Entscheidungsregel. Der Beurteilende setzt hier hinreichende Kriterien auf allen Eigenschaften fest und wählt eine Alternative, wenn sie mindestens auf einer Eigenschaft das Kriterium erfüllt[88].

Das konjunktive und disjunktive Verknüpfungsmodell ist ordinalen Wertfunktionen ohne Gewichtung zuzuordnen[89]. Da bei beiden Modellen der Gesamtnutzenwert durch den Nutzenwert eines Merkmals bestimmt ist, gehören sie zur Klasse der nicht-kompensatorischen Modelle. In der Regel erlauben diese Modelle auch keine eindeutige Präferenzrangfolge[90], vielmehr dienen sie zur Separierung akzeptabler (Präferenzzentrum) und nicht akzeptabler Alternativen (Ablehnungszentrum)[91]. Damit werden sie häufig zu den Vorauswahlphasen der Präferenzbildung gezählt[92].

---

[84] Vgl. Freter, H.; Einstellungsmodelle; S. 171.

[85] Vgl. Aschenbrenner, K. M.; Komplexes Wahlverhalten; S. 30.

[86] Vgl. ebenda.

[87] Vgl. ebenda, S. 28.

[88] Vgl. ebenda, S. 29.

[89] Vgl. ebenda, S. 28 f.

[90] Nicht-kompensatorische Modelle können in dem Fall zu eindeutigen Entscheidungen führen, wo eine einzelne Eigenschaftsausprägung die Urteilsfindung derart dominiert, daß sie die Funktion einer Akzeptanzschwelle einnimmt. Vgl. Thomas, L.; Conjoint Measurement; in: Marketing ZFP, Heft 3, Sept. 1979, S. 204.

[91] Vgl. Aschenbrenner, K. M.; Komplexes Wahlverhalten; S. 27 und Thomas, L.; Conjoint Measurement; S. 204.

[92] Vgl. Böcker, F.; Präferenzforschung; S. 559.

Als Kritik an diesen zwar komplexen, die individuelle menschliche "Psycho-Logik" aber nicht berücksichtigenden Auswahlprogrammen genügt der Hinweis auf die emotionalisierende Wirkung von Düften bei der Produktauswahl des Konsumenten. Düfte machen in eindrucksvoller Weise deutlich, daß ein mathematischen Regeln gehorchender Auswahlprozeß die "fuzziness" menschlicher Entscheidungen nie vollständig abbilden und deshalb nur als rechnerisch nachvollziehbare Annäherung an den tatsächlichen Auswahlprozeß gelten kann.

3.4. Präferenzen und weitere Determinanten des Kaufverhaltens bei Produkten mit olfaktorischen Produktkomponenten

Präferenzen für einen Gegenstand können das Ergebnis eines rationalen Auswahlprozesses sein, der mit mathematisch abbildbaren, meist kompensatorischen Entscheidungsregeln arbeitet. Diese komplex-kognitive Nutzenanalyse zwischen Produktalternativen ist in Wahlsituationen wichtig, die für den Konsumenten mit einem Risiko oder hohem persönlichen Interesse verbunden sind[93]. Sie spielt in der Praxis eine Rolle bei Erstkäufen hochwertiger Konsumgüter[94] und dürfte insofern nicht den Regelfall der Präferenzbildung darstellen.

Für die Auswahl von Produkten mit Duftkomponenten ist ein kognitiv stark durchstrukturierter Präferenzbildungsprozeß aufgrund des emotionalen Potentials von Duftstoffen unwahrscheinlich. Vielmehr ist anzunehmen, daß hier Entscheidungsprozesse stattfinden, die auf einfachen dichotomen Auswahlregeln beruhen. Ein starker Verzerrungsfaktor, der das Präferenzverhalten beeinflußt und zu nicht-rationalen Entscheidungen von Konsumenten führen kann, ist die Emotionalisierung des Konsumenten durch Düfte.

Die Emotionalisierung bedingt, daß die Produktwahl allein nach emotionalen Einflüssen der situativen Reize ohne Nutzenvergleich auf kognitiver Ebene vorgenommen wird, wobei der Anstoß zum Kauf von individuellen (z.B. Neugierde, Zeitdruck) oder sozialen Faktoren (z.B. Gruppennormen) ausgehen kann. Die geringe kognitive Kontrolle des Auswahlvorganges kann zu impulsgesteuerten Käu-

---

[93] Vgl. Thomas, L.; Conjoint Measurement; S. 203.

[94] Vgl. Sheth, J. N.; Raju, P. S.; Wahlentscheidungen und Prozeßmodelle des Informationsverhaltens von Konsumenten; in: Meffert, H.; Steffenhagen, H.; Freter, H.; Konsumentenverhalten und Information; Wiesbaden 1981, S. 150.

fen führen, bei denen die Wahlentscheidung auf eine bipolare Fragestellung (ja/nein) reduziert ist[95].

Neben diese psychosozialen Einflüsse auf das Entscheidungsverhalten des Konsumenten, die durch Düfte als Bestandteil von Produkten verstärkt werden, tritt als weitere Determinante der Faktor Gewohnheit. Gewohnheitsmäßiges Wahlverhalten beruht auf einer zeitlich bereits vor der Kaufsituation getroffenen Festlegung. In den Fällen, wo habitualisierte Kaufakte vorgenommen werden, nimmt der Einfluß des Individuums auf die Wahlentscheidung zu, die Tendenz, mehr nach eigenen Regeln als nach von außen herangetragenen Impulsen auszuwählen, steigt.

Auch bei habitualisiertem Verhalten können Düfte eine wesentliche Rolle bei der Kaufentscheidung spielen. Wie bereits dargestellt, zeichnet sich menschliches Dufterleben nicht nur durch hohe emotionale Intensität, sondern auch durch große zeitliche Stabilität aus. Düfte sind deshalb in der Lage, die Entscheidung für ein Produkt längerfristig festzulegen und sie gewohnheitsmäßig zu verankern.

Zusammenfassend läßt sich die Behauptung aufstellen, daß Düften eine sehr wichtige Aufgabe beim Auswahlverhalten des Konsumenten für ein Produkt zukommt. Sie bestimmen im Moment der Kaufentscheidung nicht nur die Präferenz des Konsumenten für ein Produkt, sondern beeinflussen ihn in seiner Entscheidung auch über Faktoren wie Neugierde, Gewohnheit und eine emotionalisierte Kaufsituation[96].

In diesem Punkt wird deutlich, daß Einflußfaktoren, die neben der Präferenz in die Kaufentscheidung eingehen, im Fall von Produkten mit olfaktorischen Komponenten eine größere Rolle spielen, als dies anhand des mit dem Modell von MYERS und SHOCKER kombinierten "lens model" menschlichen Informationsverhaltens ausgedrückt werden kann. Die Betonung der Präferenz als kaufdeterminierender Faktor in zahlreichen Modellen ist darauf zurückzuführen, daß sich das Konstrukt "Präferenz" relativ gut operationalisieren läßt[97].

---

[95] Vgl. Sheth, J. N.; Raju, P. S.; Wahlentscheidungen; S. 149 ff.

[96] Vgl. ebenda.

[97] Einen weitergehenden Ansatz bieten Sheth und Raju, die die Präferenz mit weiteren Determinanten wie Neugierde, Situation und Gewohnheit in einem linear-additiven Modell verknüpfen. Ungeklärt bleiben allerdings Fragen der Operationalisierung und Gewichtung. Vgl. ebenda, S. 151 f.

Für die Operationalisierung von Präferenzen spielt jedoch das Modell von MYERS und SHOCKER eine wesentliche Rolle. Es bestimmt die Auswahl der zur Präferenzmessung herangezogenen Produkteigenschaften und die Auswahl eines für sie geeigneten Meßmodells. Die Meßmodelle beruhen auf den oben beschriebenen formal-logischen, mathematisch nachvollziehbaren Beurteilungs- und Entscheidungsregeln. Damit schränkt sich ihr Aussagegehalt für die Präferenzmessung von olfaktorischen Produktkomponenten aus den bereits dargestellten Gründen ein, jedoch bieten sie aufgrund ihrer Forschungsökonomie und ihres unbestreitbaren Stellenwertes in der Präferenzforschung ein interessantes Instrumentarium für eine anwendungsorientierte Präferenzmessung in der Duftmarktforschung.

4. Die Rolle der Eigenschaftskategorien für die Präferenzmessung

In diesem Abschnitt stehen die Implikationen des Modells von MYERS und SHOCKER für die Wahl eines Präferenzmeßmodells im Mittelpunkt. Die unterschiedlichen Skalierungs- (Beurteilungs-)funktionen der einzelnen Eigenschaftskategorien bestimmen einen produkteigenschaftsspezifischen Eindruckswert, dessen motivationale und kognitive Komponente auf verschiedene Weise operationalisiert werden kann. Aus der Kombination unterschiedlicher Operationalisierungsansätze mit den unterschiedlichen Möglichkeiten der Eindruckswertverknüpfung entsteht eine Reihe von Präferenzmeßmodellen, von denen einige im Blick auf ihre Eignung für Zwecke der Duftforschung näher dargestellt werden sollen.

4.1. Darstellung ausgewählter Präferenzmeßmodelle

Es lassen sich grundsätzlich zwei Arten von Präferenzmeßmodellen unterscheiden. Die eine Art berücksichtigt kein Idealprodukt als Bezugspunkt für die Beurteilung von Produktalternativen, die andere bezieht die Eigenschaften eines hypothetischen Produktes in die Analyse mit ein[98].

Da diese Modelle ihre Ursprünge in der Einstellungsforschung haben, sind sie als Operationalisierungsmethoden von Einstellungen formuliert worden[99]. Berücksichtigt man, daß mit der Gesamteinstellung gegenüber einem Objekt der Grad

---

[98] Vgl. Freter, H.; Einstellungsmodelle; S. 164

[99] Vgl. ebenda.

bezeichnet werden kann, mit dem eine Person ein Objekt akzeptiert, so kann die globale Einstellung mit dem Begriff Präferenz gleichgesetzt werden[100].

4.1.1. Modelle ohne Berücksichtigung von Idealprodukten

Das Ausgangsmodell zur Einstellungsmessung ist in den Ansätzen von ROSENBERG (1956) und FISHBEIN (1967) zu sehen.

Das ROSENBERG-Modell mißt die wahrgenommene Instrumentalität ("perceived instrumentality"), also die Vorstellung über die Eignung eines Produktes zur Förderung eines individuellen Ziels oder Motivs als kognitive Komponente und die Wertwichtigkeit eines Zieles oder Motivs ("value importance") als motivationale Komponente einer Gesamteinstellung zu einem Objekt[101].

Das Modell von FISHBEIN entspricht dem ROSENBERG-Modell in seiner Struktur, nur interpretiert es die Eindruckskomponente als Wahrscheinlichkeit, mit der das Objekt mit einer Eigenschaft verbunden ist ("strength of belief") und die Bedeutungskomponente als Bewertung von mit dem Objekt assoziierten, einstellungsrelevanten Eigenschaften ("evaluative aspect")[102].

Eine Variante dieser Modelle, das "adequacy-importance"-Modell, hat in der Literatur die häufigste Anwendung gefunden und gilt als besonders prognosevalide[103]. Dieses Modell ist ebenfalls ein linear-additives Modell, d.h. ein Modell, das durch Kombination der additiven Verknüpfungsregel und des Idealvektormodells dargestellt werden kann. Die kognitive Komponente wird als Vorstellung angesehen, in welchem Ausmaß eine Eigenschaft am Produkt vorhanden ist (belief). Die Wichtigkeit der Eigenschaft ("importance") bestimmt die affektive Komponente der Präferenz[104].

---

[100] Vgl. Schweikl, H.; Präferenzanalyse; S. 33.
[101] Vgl. Freter, H.; Einstellungsmodelle; S. 164 ff. und Tab. 4 im Anhang.
[102] Vgl. ebenda, S. 165 ff.
[103] Vgl. Freter, H.; Einstellungsmodelle; S. 165 und Böcker, F.; Präferenzforschung; S. 561.
[104] Vgl. Freter, H.; Einstellungsmodelle; S. 165 ff. und Tab. 4 im Anhang.

Die Kombination des Teilnutzenwertmodells mit der additiven Verknüpfungsregel führt zu einer weiteren Modellvariante, die aufgrund der Flexibilität des Teilnutzenwertmodells bei der Beurteilung des Eindruckwertes sowohl in der Lage ist, Idealprodukte zu berücksichtigen, als auch eine Beurteilung ohne diese Bezugspunkte vorzunehmen. Sie steht damit zwischen den beiden eben vorgestellten Modellvarianten und dem im nächsten Abschnitt vorgestellten "ideal point"-Modell. Das additive Teilnutzenwertmodell hat aufgrund der Spannweite seiner Anwendungsmöglichkeiten durch die isolierte Erhebung der Perzeptions- und Bewertungskomponente jedes einzelnen Merkmals große praktische Vorteile und ist Bestandteil der Conjoint-Analyse[105], die auch der Pilotstudie in Kapitel 5 zugrundeliegt.

Gemeinsam ist allen drei Modellen, daß sie die individuelle Gesamteinstellung hinsichtlich eines bestimmten Produktes als Summe der Erkenntnisse über den Grad messen, in dem das Produkt bestimmte Eigenschaften besitzt, gewichtet mit der Bedeutung, die den einzelnen Eigenschaften beigemessen wird[106]. Dabei werden die Eindruckswerte, die durch Multiplikation der motivationalen und kognitiven Komponenten entstehen, summiert. Dafür gelten die Prämissen des additiven Verknüpfungsmodells[107]. Meßinstrumente sind Ratingskalen, mit denen sich Punktwerte für Gesamteinstellungen berechnen lassen (vgl. Tab. 4).

4.1.2. Modelle mit Berücksichtigung von Idealprodukten

Wird vom Konsumenten auf Ratingskalen zusätzlich zu der Bewertung der Präferenzkomponenten für eine Produkteigenschaft auch der Idealpunkt als Ausdruck des idealen Ausmaßes einer Eigenschaft angegeben, so steht ein subjektives, hypothetisches Idealprodukt als fester Bezugspunkt für die Beurteilung von Produktpräferenzen zur Verfügung[108].

Damit wird die den vorigen Modellvarianten zugrundeliegende Prämisse aufgehoben, daß sich bei einer Änderung einer Eigenschaftsausprägung die Gesamtpräferenz proportional dazu verändert (Idealvektormodell als Bewertungsfunktion).

---

[105] Vgl. Thomas, L.; Conjoint Measurement; S. 199 f.

[106] Vgl. Freter, H.; Einstellungsmodelle; S. 165 ff und Tab. 4 im Anhang.

[107] Vgl. Abschnitt 3.3.2.

[108] Vgl. Freter, H.; Einstellungsmodelle; S. 168.

Diese Annahme ist nicht für alle Produkteigenschaften zutreffend, da der Konsument in vielen Fällen nicht die maximal verfügbare Menge einer Produkteigenschaft präferiert, sondern nur ein ganz bestimmtes Ausmaß.

Der Wert für eine Gesamtpräferenz ergibt sich in den Modellen mit Berücksichtigung von Idealprodukten durch Verrechnung der einzelnen Distanzen zwischen der Ideal- und der Realausprägung. Diese Distanzen werden in einigen Modellvarianten mit der Eigenschaftsbedeutung gewichtet (z.B. im "ideal point-model"); in manchen Modellen entfällt die Multiplikation, da kein Gewichtungsfaktor berücksichtigt wird (z.B. im "TROMMSDORFF-Modell). So mißt etwa das "ideal point"-Modell die Differenz zwischen Idealausprägung einer Produkteigenschaft und dem Ausmaß des Vorhandenseins dieser Produkteigenschaft (belief) als kognitive Komponente und berücksichtigt als Bedeutungsgewicht die subjektiv empfundene Wichtigkeit der Produkteigenschaft (importance)[109].

Für alle Idealprodukt-Modelle ergibt sich, daß die Gesamtpräferenz gegenüber einem Produkt um so größer ist, je geringer die Distanz zum Idealprodukt bzw. je geringer die auf den Ratingskalen ermittelten Punktwerte sind[110].

4.2. Zuordnung der Präferenzmeßmodelle zu den Eigenschaftskategorien

Um Präferenzwirkungen von Produkteigenschaften, die einer der drei Eigenschaftskategorien angehören, in geeigneter Weise messen zu können, sind diejenigen Präferenzmeßmodelle für eine Eigenschaftskategorie auszuwählen, die die Besonderheiten der jeweiligen Kategorie in ihren Operationalisierungen berücksichtigen. Es ist im Hinblick auf Konsistenz der Ergebnisse darauf zu achten, daß die Produkteigenschaften, die mit einem bestimmten Präferenzmeßmodell gemessen werden, der gleichen Eigenschaftskategorie angehören[111].

Die Operationalisierung der Eindrucks- und Bedeutungskomponenten von kontinuierlichen CHAR muß die Tatsache eines Idealpunktes bei der Wahrnehmung und Gewichtung der Produkteigenschaften einbeziehen. Dazu sind Präferenzmeßmodelle in der Lage, die Idealprodukte berücksichtigen, wie z.B. das "ideal point"-Modell. Den Anforderungen von kategorial skalierten CHAR wird das additive Teilnut-

---

[109] Vgl. Myers, J. H.; Shocker, A. D.; Attributes; S. 226 f.

[110] Vgl. Freter, H.; Einstellungsmodelle; S. 168.

[111] Vgl. Myers, J. H.; Shocker, A. D.; Attributes; S. 228.

58 *II. Düfte als präferenzbildende Produkteigenschaft*

zenwertmodell aufgrund seiner flexiblen Beurteilung der Perzeptionskomponente gerecht[112].

Die Operationalisierung der Eindrucks- und Bedeutungskomponenten von BEN muß die Tatsache eines Idealvektors bei der Wahrnehmung und Gewichtung der Produkteigenschaft einbeziehen. Zur Präferenzmessung von BEN kann das "adequacy-importance"-Modell herangezogen werden[113], da hier Aussagen über das Ausmaß des Vorhandenseins und der Wichtigkeit von Eigenschaften gemacht werden, die einen monoton-kontinuierlichen Funktionsverlauf der Eigenschaftsausprägungen voraussetzen.

Die Operationalisierung der Eindrucks- und Bedeutungskomponenten von IM muß die Tatsache eines Idealvektors und seiner positiven oder negativen Ausrichtung bei der Wahrnehmung und Gewichtung der Produkteigenschaften einbeziehen. In diesem Fall bietet sich zur Präferenzmessung das ROSENBERG/FISHBEIN-Modell an[114]. Es mißt sowohl die Nutzeneignung wahrgenommener kontinuierlicher Produkteigenschaften (instrumentality, beliefs), als auch deren Wertwichtigkeit (value). Werden IM in kategorialer Form zur Präferenzmessung vorgelegt, so sind sie mit den gleichen Modellen wie kategoriale CHAR zu messen.

4.3. Aussagewert der Präferenzmeßmodelle für die Messung von Duftpräferenzen

Wenn Präferenzdaten in der Weise erhoben werden, daß sie ihrer verbalen Darstellung in Befragungen nach der gleichen Eigenschaftskategorie angehören, und wenn sie mit Hilfe eines zur Eigenschaftskategorie kompatiblen Meßmodells zu einem Präferenzwert transformiert werden, dann sind im Prinzip alle vorgestellten Modellvarianten geeignet, Düfte nach ihrer Präferenzwirkung zu bewerten.

Kritik an den Präferenzmeßmodellen ergibt sich aus methodenimmanenten und anwendungsbezogenen Einschränkungen. Dazu zählen die Prämissen, denen die Operationalisierung der Modellkomponenten unterliegt. Zu erwähnen sind die Probleme der (zahlenmäßigen) Erfassung der für die Konsumentenpräferenz rele-

---

[112] Vgl. Myers, J. H.; Shocker, A. D.; Attributes; S. 226.

[113] Vgl. ebenda.

[114] Vgl. ebenda, S. 226 f.

vanten Produkteigenschaften[115], die bereits dargestellten Implikationen der Additivitätshypothese sowie Schwierigkeiten der Operationalisierung der Bedeutungskomponente und des Eindrucksideals[116].

Damit ist der Aussagegehalt der Präferenzmeßmodelle für die Messung von Duftpräferenzen - wie in Abschnitt 3.4. schon angeführt - eingeschränkt. Das ergibt sich aus der Vernachlässigung einiger kaufdeterminierender Aspekte in Präferenzmeßmodellen, sowie aus der Formulierung von Bewertungs- und Entscheidungsregeln, die mentale Prozesse des Konsumenten simulieren sollen, aber der Emotionalität und Individualität menschlichen Dufterlebens nur bedingt gerecht werden.

Die theoretische Betrachtung der Zusammenhänge, die zwischen Eigenschaftskategorien gemäß der Klassifikation von MYERS und SHOCKER und der Wahl eines geeigneten Präferenzmeßmodells unter Berücksichtigung der Besonderheiten olfaktorischer Produktkomponenten bestehen, soll hiermit abgeschlossen sein. Im Erhebungskontext jedoch werden die theoretisch begründeten Implikationen für das Messen von Duftpräferenzen mit den praktischen Fragen geeigneter Erhebungstechniken und Parameterisierungsverfahren für Duftpräferenzen verbunden. Dies wird zu einer differenzierten Beurteilung von Modellkombinationen für die Präferenzmessung von Düften führen.

Den logischen Abschluß einer Präferenzmessung bei Produkten mit olfaktorischen Produktkomponenten bildet die Umsetzung von Präferenzen in Produkteigenschaften.

5. Die Rolle der Eigenschaftskategorien bei der produktgestalterischen Umsetzung von Präferenzen in Produkteigenschaften

Für das Unternehmen sind im Rahmen der Gestaltung des absatzpolitischen Instrumentariums für ein Produkt zwei Problemebenen besonders wichtig.

---

[115] Instrumente zur Erfassung relevanter Produkteigenschaften sind Expertenbeurteilungen, Tiefeninterviews, qualitative Erhebungen wie das "Fragrance Mapping" (Kapitel III, 5.1.) oder die Grid-Methode (vgl. Müller-Hagedorn, L.; Vornberger, E.; Grid-Methode; S. 185-207).

[116] Vgl. Freter, H.; Einstellungsmodelle; S. 172 ff.

Die erste Ebene beschäftigt sich mit der bereits geklärten Bedeutung einzelner Eigenschaftskategorien im Präferenzbildungsprozeß. Mit Informationen über deren Merkmale steht Produktgestaltern die Möglichkeit zur Verfügung, durch Anwendung passender Präferenzmeßmodelle zu Beurteilungen von Eigenschaftsausprägungen, deren Gewichtung und deren Verhältnis zu Idealvorstellungen des Konsumenten zu gelangen. Das Defizit dieser Informationen ist darin zu sehen, daß mit ihnen noch keine Entscheidungsparameter für die Ausgestaltung einer Produktpolitik gegeben sind[117].

Dies resultiert aus der Tatsache, daß Präferenzmessungen zumeist in Phasen der Produktgestaltung durchgeführt werden, wo Konsumenten statt physischer Produkte nur verbale Produktpräsentationen oder unverbundene Konzeptkomponenten zur Beurteilung vorgelegt werden können. Subjektive Eigenschaftsbeurteilungen lassen sich daher i.d.R. nich direkt objektiven Produkteigenschaften oder einem kompletten Eigenschaftsbündel zuordnen. Ein weiterer wichtiger Einwand besteht darin, daß viele Präferenzmeßmodelle BEN oder IM operationalisieren und daher keine direkte Verbindung zwischen CHAR und einer auf BEN/IM basierenden Präferenzäußerung zulassen.

5.1. Die Umsetzungsproblematik

Mit der produktgestalterischen Umsetzung subjektiver, in Präferenzmessungen erhobener verbaler oder non-verbaler Eigenschaftsbeurteilungen in objektive Produkteigenschaften ist die zweite Problemebene angesprochen, die sich für den Produktgestalter mit der Analyse des Informationsverhaltens von Konsumenten ergibt. Der Produktgestalter muß – mit anderen Worten – den Transformationsprozeß des Konsumenten zwischen objektiven, d.h. für ihn aussagekräftigen Eigenschaften und subjektiven Eigenschaftsbeurteilungen begreifen, um so Hinweise zur marktgerechten Produktrealisierung zu erhalten[118]. Zusätzlich bedingt die Forderung nach Ganzheitlichkeit des Produkterlebnisses beim Konsumenten, daß der Produktgestalter die Transformationen in ihren unterschiedlichen Wirkungen kennt.

Unter die Reaktionsdimension des Umsetzungsvorganges fällt die Aufgabe des Produzenten, die Transformationen der Konsumenten nachzuvollziehen, d.h. die

---

[117] Vgl. Freter, H.; Einstellungsmodelle; S. 180.

[118] Vgl. Myers, J. H.; Shocker, A. D.; Attributes; S. 229.

individuellen Nutzenerwartungen in ein problemlösungsnahes "sensorisches Profil" zu übersetzen. Das schließt sowohl die Ausstattung des Produktes mit denjenigen CHAR ein, die tatsächlich die erwünschten BEN/IM bewirken, als auch die zusätzliche Ausstattung mit denjenigen CHAR, die in den Augen des Konsumenten für die von ihm gewünschten BEN/IM verantwortlich sind.

Die zweite Dimension, die der aktiven Einflußnahme auf den Transformationsprozeß, umfaßt alle präferenzbildenden, den Konsumenten auf das Produkt konditionierenden Maßnahmen mit Hilfe absatzpolitischer Instrumente, d.h. das Schaffen von BEN und IM.

Je differenzierter und komplizierter die Beziehung zwischen einer Produkteigenschaft und ihrer Wirkung auf den Konsumenten ist, um so mehr muß der Produktgestalter sich mit der Umsetzungsproblematik befassen. Da dies in besonderem Maße auf olfaktorische Produktkomponenten zutrifft, wird für sie ein Umsetzungsinstrument relevant, das aus dem Modell von MYERS und SHOCKER abgeleitet ist.

5.2. Benefit-Zerlegung

Mit der Methode der Benefit-Zerlegung ("benefit decomposition")[119] steht dem Marketing-Manager ein Instrument zur Verfügung, ein Produkt mit genau den CHAR auszustatten, die den Konsumenten als Grundlage ihrer BEN/IM erscheinen. Benefit-Zerlegung ist mit anderen Worten das Nachvollziehen des Transformationsprozesses (von CHAR auf BEN und von CHAR auf IM) in umgekehrter Richtung.

Ausgehend von einem bestimmten BEN als dem üblichen Ansatzpunkt für Produktpräferenzen des Konsumenten wird das Produkt in der Merkmalsabfolge CHAR, BEN und IM auf seine (chemisch-physikalische) Zusammensetzung hin zurück- und auf die geplanten image- und prestigefördernden Maßnahmen vorverfolgt. Damit stehen dem Personal der Forschungs-, Entwicklungs- und Werbeabteilung des Unternehmens im Hinblick auf eine mögliche Konkretisierung des Produktes sehr detaillierte Informationen zur Verfügung, da bereits im Vorfeld der Produktrealisierung die möglichen Wirkungsbeziehungen zwischen den Eigenschaftskategorien in die Überlegung eingehen.

---

[119] Vgl. Myers, J. H.; Shocker, A. D.; Attributes; S. 228 ff.

Die Wirkungsbeziehungen mögen zwar in manchen Fällen nicht sehr ausgeprägt sein, aber wie MYERS und SHOCKER dazu treffend bemerken, "even weak relationships are a good deal better than no evidential guidance at all."[120]

Benefit-Zerlegung als Instrument der Vorauswahl von Produktideen kann daher als wichtige Ergänzung zu "screening"-Methoden gesehen werden, mit denen offensichtlich nicht zur Zielerfüllung beitragende Objekte eliminiert werden können[121]. Diese Bewertungsverfahren für Produktideen überprüfen die Akzeptanz möglicher Projekte anhand von Faktoren, die u.a. gesamtwirtschaftlicher, unternehmensspezifischer, finanzieller oder produktlinienpolitischer Natur sind[122]. Diese externen, nicht produktimmanenten Faktoren spielen im Hinblick auf die primären Bestimmungsgründe für Kaufverhalten, nämlich die Präferenz und die ihr vorausgehenden Wahrnehmungsprozesse, zu Beginn des Auswahlverfahrens eine untergeordnete Rolle. Sie werden wichtig, wenn eine aus Konsumentensicht marktfähige Produktidee generiert wurde und hinsichtlich weiterer ökonomischer Restriktionen bewertet werden muß.

Ein Beispiel, das an MYERS und SHOCKER angelehnt ist und die Praxisnähe der Methode unterstreichen soll, zeigt den Entscheidungsprozeß ausgehend vom Konsumentenwunsch bis hin zum passend ausgestalteten Marketing-Mix für ein Produkt aus dem Markt für Haarpflegemittel[123].

Kunden erwarten von einem Shampoo, daß es ihr Haar schonend reinigt, ihm duftig-lockere Fülle, Spannkraft und natürlichen Glanz gibt. Dies ist der zu vermittelnde Produktnutzen für ein bestimmtes Käufersegment. Für das technische Personal des Unternehmens lassen sich diese BEN relativ leicht auf CHAR und damit auf chemische Bestandteile des Shampoos zurückführen, wie etwa strukturverbessernde Wirkstoffe und Duftstoffe, die nach dem Waschen im Haar zurückbleiben, sowie pH-neutrale, alkalifreie Waschsubstanzen, die sich leicht auswaschen lassen.

Schwieriger für den Produktgestalter wird das Abstimmen von Produkteigenschaften einer Kategorie untereinander. In diesem Beispiel muß deshalb sichergestellt werden, daß sich Strukturverbesserer, Duftstoffe und Waschsubstanzen

---

[120] Myers, J. H.; Shocker, A. D.; Attributes; S. 231
[121] Vgl. Brockhoff, K.; Produktpolitik; S. 79.
[122] Vgl. Bidlingmeier, J.; Marketing; 9. Aufl., Opladen 1982, S. 241 ff.
[123] Vgl. Myers, J. H.; Shocker, A. D.; Attributes; S. 230.

in ihrer Wirkung nicht negativ beeinflussen, wenn möglich aber zusätzliche Informationen für den vom Konsumenten erwünschten Nutzen beinhalten. So sollte etwa der Duftstoff sowohl die "duftige Lockerheit" des Haares nach dem Waschen, als auch die Milde des Reinigungsvorganges mit diesem Shampoo vermitteln (vgl. Abb. 11).

Abb. 11: Beispiel einer Benefit-Zerlegung

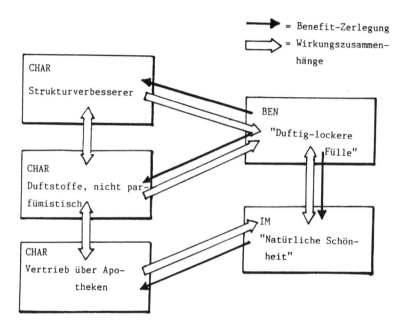

Auf der anderen Seite kann das Unternehmen aus dem Produktnutzen heraus ein Produktimage aufbauen und dem Produkt eine Persönlichkeit geben. Mit dem Kauf des Shampoos sollen Natürlichkeit, Gesundheit und Glück erworben, mithin dem Kunden genügend Assoziationsspielräume für individuelle Wertvorstellungen angeboten werden. Damit der Konsument die erwünschten Transformationen von BEN und IM nachvollzieht, muß das Produkt wiederum mit CHAR ausgerüstet sein, die eine Assoziation mit dem gewollten Image zulassen. Der Produzent muß abermals zurückverfolgen, ob die durch BEN bestimmten IM in den Augen der Konsumenten auch auf CHAR zurückzuführen sind.

Unter diese imagebildende CHAR fallen Komponenten der Kommunikationspolitik, etwa Fernsehspots mit bestimmten Schlüsselreizen, Handlungsschemata und Farbsignalen, aber auch Komponenten der Distributions- und Preispolitik. So kann man das Shampoo etwa nur in Apotheken, Reformhäusern und Drogerien vertreiben lassen, eine Politik, die die Natürlichkeit, Gesundheit und Exklusivität des Produktes unterstreicht. Auch hier ist eine ganzheitliche Abstimmung imagebildender CHAR vom Produktgestalter vorzunehmen. So sind etwa die Farbsignale, die von Werbespots oder Zeitschriftenwerbung ausgehen, mit dem zu vermittelnden Dufterlebnis zu koordinieren, sowie Shampoodüfte mit dem möglichen Distributionsweg über Apotheken abzustimmen, d.h., es ist ein natürlicher, nicht allzu parfümistischer Duft zu wählen.

Auch bei der Produktgestaltung (i.e.S.) spielen imageschaffende CHAR eine Rolle, die es gilt, in das Gesamtkonzept zu integrieren. Als Beispiel ist das Design der Shampooflasche, ihre Etikettierung und Verpackung zu nennen. Aus diesen CHAR muß durch farbliche und materialmäßige Abstimmung (z.B. Glas oder Plastik mit unterschiedlichen optischen und haptischen Erlebnisqualitäten) die Produkt- (d.h. auch die Duft-) Persönlichkeit des Shampoos für den Verbraucher auf den ersten Blick deutlich werden.

Die Methode der Benefit-Zerlegung wird letztlich aufgrund ihrer fehlenden Operationalisierbarkeit nicht viel daran ändern können, daß Einzelheiten der Ausgestaltung der vier Marketinginstrumente weiterhin auf subjektiven Einschätzungen und heuristischen Verfahren beruhen werden. Allerdings läßt sich mit ihr und mit Hilfe unterstützender, empirisch abgesicherter Methoden, wie sie etwa das "Fragrance Mapping" darstellt, die Menge möglicher Maßnahmen relativ sicher auf die Menge derjenigen Maßnahmen eingrenzen, die die für die Konsumentscheidung relevanten Transformationen zwischen den Merkmalskategorien hervorrufen.

Sind die Beziehungen zwischen den physischen Bestandteilen des Produktes und die in das Produkt gesetzten Erwartungen hinsichtlich seiner Nützlichkeit und Symbolfähigkeit für den Verbraucher tatsächlich nachvollziehbar, so hat das Unternehmen ein Produkt entwickelt, das aufgrund des Einsatzes geeigneter Marketinginstrumente marktfähig ist. Voraussetzung und wesentlicher Kritikpunkt an der praktischen Umsetzbarkeit der Benefit-Zerlegung ist jedoch, daß der Produktgestaltungsprozeß keinen Kommunikationsmängeln, Sonderinteressen einzelner Abteilungen, technischen Schwierigkeiten, finanziellen und anderen Restriktionen unterworfen ist. Abbildung 12 veranschaulicht den Weg vom Kundenwunsch zur Produktidee.

Abb. 12: Benefit-Zerlegung – Vom Konsumentenwunsch zur Produktidee

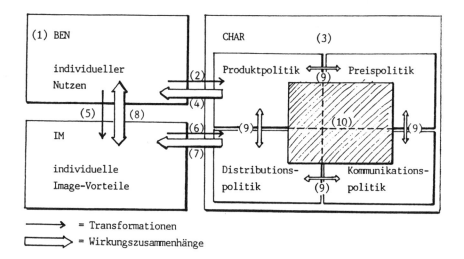

———→ = Transformationen
⇒ = Wirkungszusammenhänge

(1) Mit Käuferbefragungen hat man ein Bild über das Idealprodukt gewonnen, das dem Konsumenten einen von ihm erwünschten Nutzen am besten stiftet.

(2) Transformation von BEN auf CHAR

(3) Ideale Ausgestaltung der CHAR resultiert in einem bestimmten Marketing-Mix, aus dem der Konsument

(4) seine gewünschten BEN ziehen kann.

(5) Transformation von BEN auf IM und

(6) von IM auf CHAR. Ideale Ausgestaltung der CHAR (3) resultiert in einem bestimmten Marketing-Mix, aus dem der Konsument

(7) seine gewünschten IM ziehen kann.

(8) Wechselwirkungen zwischen BEN und IM.

(9) Beziehungen der vier Marketinginstrumente sind Restriktionen unterworfen.

(10) Tatsächlich realisierbare Ausgestaltung der CHAR resultiert in einem modifizierten Marketing-Mix.

III. Verfahren der Präferenzmessung in der Duftmarktforschung

Duftmarktforschung soll als dasjenige Teilgebiet der Absatzmarktforschung verstanden werden, das die permanente, planvolle und systematische Erfassung von unternehmensrelevanten Marktdaten umfaßt, die ein Unternehmen zur Ausgestaltung des absatzpolitischen Instrumentariums für Produkte mit olfaktorischen Produktkomponenten benötigt[1].

Sachfragen der Duftmarktforschung werden im Folgenden auf diejenigen reduziert, die die Duftmarktforschung von der Marktforschung für andere Produkte abhebt. Inhaltlich sind es die Duftproblematik betreffenden Fragen der Konsum- und Verhaltensforschung, v.a. die Analyse der Präferenz- und Erlebniswirkungen von Düften für unterschiedliche Verbrauchersegmente als bedarfsbestimmenden Faktoren.

1. Datenquellen der Duftmarktforschung

Als Erhebungsmethoden der Duftmarktforschung kommen Methoden der Primärforschung und der Sekundärforschung in Frage. Letztere bieten hinsichtlich des sehr spezialisierten, von Produkt zu Produkt differenzierten Einsatzrahmens der Duftmarktforschung nur vereinzelt qualitativ ausreichende Informationen. U.U. stammen diese aus branchenspezifischen Quellen oder werden von wissenschaftlichen Einrichtungen zur Verfügung gestellt.

Im Regelfall ist ein Unternehmen bei der Analyse der Bedarfs- und Absatzbedingungen für Produkte mit olfaktorischen Komponenten auf primär erhobene Daten angewiesen. Grundsätzlich lassen sich dabei zwei Wege unterscheiden. Der eine umfaßt Verfahren, in denen qualitative Daten, der andere Verfahren, in denen quantitative Daten erhoben werden[2].

Qualitative Daten geben Auskunft über die grundlegenden Bedürfnisse und Wünsche der Konsumenten, sie werden v.a. in Gruppeninterviews in Form von Attributlisten, Assoziationsfeldern und Duftbildern generiert und steuern in breiter und subjektiver Form die wesentliche Informationsbasis für den Produktgestal-

---

[1] In Anlehnung an Schäfer, E.; Knoblich, H.; Grundlagen der Marktforschung; 5. Aufl., Stuttgart 1978, S. 6 ff.

[2] Vgl. Urban, G. L.; Hauser, J. R.; New Products; S. 170 ff.

tungsprozeß bei. Aufgabe der qualitativen Duftmarktforschung ist es nicht, eine optimale Duftkomponente für ein Produkt zu finden oder zu endgültigen Entscheidungen des Produktdesigns zu gelangen. Ihre Aufgabe besteht vielmehr in der Vorauswahl derjenigen Produkteigenschaften, die für den Konsumenten, d.h. für die marktorientierte Produktgestaltung relevant sind.

Die quantitative Duftmarktforschung spezifiziert die qualitativen Ergebnisse, indem sie systematisch beobachteten und aufgezeichneten theoretischen Sachverhalten, also beispielsweise Perzeption und Präferenz, Zahlen zuordnen läßt, d.h. mißt[3]. Im Rahmen von Produkttests mit größeren Stichproben z.B. werden Daten gewonnen, die zu eindeutigen Entscheidungen für die Endauswahl möglicher Alternativen mit olfaktorischen Komponenten herangezogen werden können[4].

In methodischer Hinsicht muß der Forscher ferner festlegen, welche und wieviele Dimensionen des theoretischen Konstrukts er messen möchte. Im Fall der Präferenz sind mögliche Dimensionen die affektive, kognitive oder konative Komponente der Präferenz. Für diese theoretischen Begriffe müssen meßbare Indikatoren gefunden werden. Indikatoren der Präferenz stellen physiologische Reaktionen auf Reize (z.B. Änderungen des elektrodermalen Hautwiderstandes), Äußerungen über subjektive Erfahrungen (z.B. in Form verbaler oder nonverbaler Antworten auf Befragungen) und beobachtbares Verhalten (z.B. Probier- oder Kaufverhalten) dar. Diesen Präferenzindikatoren müssen Skalenwerte zugeordnet werden[5]. Die Messung des hypothetischen Konstrukts "Präferenz" schließt mit der Zuordnung eines numerischen Wertes zu einem Einzelindikator als Ausdruck der Stärke der empfundenen Präferenz ab.

2. Spezielle Meßprobleme in der Duftmarktforschung

Wenn es um die Auswahl eines möglichst validen und anwendungsorientierten Instrumentes zur Messung von Duftpräferenzen geht, dürfen neben Fragen der Forschungsökonomie und des generellen Aussagegehaltes des Instrumentes die Besonderheiten des Perzeptions- und Präferenzbildungsprozesses bei olfaktorischen Produktkomponenten nicht außer Betracht bleiben.

---

[3] Vgl. Kroeber-Riel, W.; Konsumentenverhalten; S. 182.
[4] Vgl. Urban, G. L.; Hauser, J. R.; New Products; S. 172.
[5] Vgl. Abb. 13 im Anhang.

Die Besonderheiten menschlicher Duftwahrnehmung und -beurteilung beeinflussen die Aussagekraft und Anwendbarkeit der den drei Präferenzindikatoren zugeordneten Meßmethoden der Duftpräferenz wesentlich. Aus diesem Grund sollen die wichtigsten Charakteristika menschlichen Dufterlebens nochmals kurz zusammengefaßt werden:

Aus Gründen der vermuteten engen Verbindung zwischen Geruchssinn und Hormonsystem und aufgrund der Emotionsgeladenheit von Dufterinnerungen, ist das duftbezogene Konsumentenverhalten abhängig vom körperlich-seelischen Zustand, von individuellen Erfahrungen und Umweltkonstellationen. In dieser Hinsicht ist das Erleben von Düften weitaus stärker individualisiert und geringerer kognitiver Kontrolle unterworfen als das Erleben von audio-visuellen Reizen.

Oft läßt sich beobachten, daß man einen Duft riecht, ihn wiedererkennt und ihn seiner Natur nach in allgemeiner Weise klassifizieren kann. Man ist aber unfähig, den Duft zu benennen, ihm ein spezielles "label" zu geben ("tip-of-the-nose phenomenon")[6]. Die schwache Verbalisierungsfähigkeit des Menschen in diesem Bereich gilt sowohl hinsichtlich der Menge als auch des Inhalts der verbalisierten Eindrücke[7].

Wenn ein Duft benannt wird, dann ist der Name für ihn "idiosynkratisch", d.h. er steht für ein ganz individuelles, nicht zu verallgemeinerndes Dufterlebnis[8]. Es ist typisch für die Beurteilung von Düften, daß zwei Individuen zwar das gleiche Dufterlebnis empfinden, aber zu unterschiedlichen Beschreibungen des Duftes kommen.

Menschliche "Duftsprache" ist also sowohl restringiert als auch idiosynkratisch. Diese Tatsachen führen zu anwendungsbedingten Vor- und Nachteilen der einzelnen Erhebungsmethoden und Meßverfahren.

Zunächst sollen die Vor- und Nachteile eines <u>psychobiologischen Verfahrens</u> in der Duftmarktforschung anhand der Messung der elektrodermalen Reaktion dargestellt werden, das von KROEBER-RIEL[9] bei seinen Untersuchungen zur Duftaktivierung und Duftpräferenz angewandt worden ist. In einer experimentell kon-

---

[6] Engen, T.; Odors; S. 102.
[7] Vgl. ebenda, S. 103.
[8] Vgl. ebenda, S. 106.
[9] Vgl. Kroeber-Riel, W.; Konsumentenverhalten; S. 184.

trollierten Meßsituation[10] wird von veränderten Werten des Hautwiderstandes auf Vorhandensein von Präferenzen geschlossen.

Abgesehen von dem erheblichen technischen, finanziellen und zeitlichen Aufwand apparativer Messungen hat dieses Verfahren auch methodenimmanente Schwächen. Die gemessenen Erregungsaktivitäten lassen keine Aussage über die empfundene Qualität des Reizes zu. Psychobiologische Methoden informieren also nicht über die Richtung von Konsumentenverhalten, wie dies ein Instrument der Duftmarktforschung tun sollte. Trotz aller Kritik kann dieses Meßinstrument bei besonderen Fragestellungen Anwendung finden. Die EDR-Messung zeichnet sich durch gute Diskriminationsfähigkeit zwischen den Reaktionen auf sehr ähnliche Duftstoffe aus, die Meßdaten unterliegen keiner kognitiven Kontrolle und lassen sich auch für subjektiv nicht wahrgenommene Duftstimuli erheben[11].

Die Beobachtung als "ein bewußtes Betrachten von Sachverhalten oder Vorgängen unter bestimmten Auswahlgesichtspunkten"[12], besonders die Beobachtung von motorischen Antworten auf Duftstoffe, z.B. des Probierverhaltens der Konsumenten, ist ein sehr aufwendiges, in der Präferenzmessung nur selten eingesetztes Instrument[13]. Zwar weist es die Vorteile eines non-reaktiven Verfahrens auf[14], diese sind allerdings mit erheblichen Schwierigkeiten bei der Ableitung und Interpretation von Präferenzen aus dem beobachteten Verhalten verbunden.

Die traditionellen Befragungsmethoden haben sich in der Duftmarktforschung trotz der Einschränkung der limitierten menschlichen Verbalisierungsfähigkeit von Dufterlebnissen als operational und forschungsökonomisch erwiesen[15].

---

[10] Einschränkungen resultieren aus individuellem "sniffing behaviour", vgl. dazu Laing, D. G.; Quantification of Variability of Human Responses during Odor Perception; in: Starre, H. v.d. (Hrsg.); Proceedings of the Seventh International Symposium on Olfaction and Taste and of the Fourth Congress of the European Chemoreception Research Organization; London 1980, S. 467 f.

[11] Vgl. Möcks, R.; Wirkung von Duftstoffen; S. 39.

[12] Schäfer, E.; Knoblich, H.; Marktforschung; S. 248.

[13] Vgl. Kroeber-Riel, W.; Konsumentenverhalten; S. 184. Zur Problematik der Beobachtung emotionalen Verhaltens vgl. Weinberg, P.; Beobachtung des emotionalen Verhaltens; in: Forschungsgruppe Konsum und Verhalten (Hrsg.); Innovative Marktforschung; Würzburg 1983, S. 45-62.

[14] Vgl. dazu Friedrichs, J.; Methoden empirischer Sozialforschung; 12. Aufl., Opladen 1984, S. 309 ff.

[15] Vgl. Kroeber-Riel, W.; Möcks, R.; Neibecker, B.; Wirkung von Duftstoffen; S. 13.

"Befragung bedeutet entweder die Aufforderung zu Auskünften über Tatsachen, die dem Befragten bekannt sind, oder die Aufforderung zu Meinungsäußerungen (Urteilen) über solche Tatbestände, zu denen der Befragte einer Äußerung fähig ist"[16].

Mit Befragungen lassen sich in Form von Abriechtests oder Produkttests sowohl qualitative als auch quantitative Meßdaten erheben. Die Stärken der Befragung in der quantitativen Duftmarktforschung liegen in den relativ validen, praktisch umsetzbaren Ergebnissen, was MÖCKS für die Messung mit dem Semantischen Differential nachgewiesen hat[17].

Eingeschränkt wird die Eignung von Befragungen durch die kognitive Kontrolle der verbalen Äußerung, welche die Beurteilung zu verzerren vermag, durch die generelle Schwäche der menschlichen Duftsprache und durch das Defizit, die Aktivierungswirkung subjektiv nicht wahrnehmbarer Düfte nicht messen zu können und bei sehr ähnlichen Duftalternativen u.U. nicht ausreichend diskriminationsfähig zu sein.

Was die ersten beiden Kritikpunkte anbelangt, so könnten diese durch Einsatz nonverbaler Befragungen in Form von intermodalen Messungen durch Magnitudeskalierungen umgangen werden[18].

Da psychobiologische Verfahren und Beobachtungen aus Gesichtspunkten der Anwendbarkeit und der Praktikabilität in den meisten Fällen nicht geeignet erscheinen, soll die grundsätzliche Eignung der Erhebungsmethode der Befragung für die Duftmarktforschung näher untersucht werden. Im Mittelpunkt der folgenden Erläuterungen sollen generelle Erhebungsformen sowie Instrumente der quantitativen verbalen Messung stehen; Beispiele für die Erhebung qualitativer Duftdaten werden später anhand in der Praxis angewandter Techniken beschrieben[19].

---

[16] Schäfer, E.; Knoblich,H.; Marktforschung; S. 248.
[17] Vgl. Möcks, R.; Wirkung von Duftstoffen; S. 35 ff.
[18] Auf dieses Instrument wird in Kapitel III, 4.1.2. eingegangen.
[19] Vgl. Kapitel III, 5.1 und 5.2.

3. Formen primärer Datenerhebung in der Duftmarktforschung

Die Erhebung von Primärdaten in der Duftmarktforschung findet üblicherweise im Rahmen von Abriechtests (Snifftests) und Produkttests statt[20].

Bei <u>Abriechtests</u> geht es um isoliertes Erheben des Geruchs (Partialtest). Es wird unter Laborbedingungen im direkten Vergleich eine Grob- und Feinauswahl mehrerer Duftalternativen anhand von Intensitäts-, Qualitäts- und Präferenzbeurteilungen durch die Versuchsperson vorgenommen[21]. Grundlage für Abriechtests ist eine Reihe alternativer Duftstoffe, die isoliert für sich, ohne Zusatzinformationen, d.h. in Form eines ungerichteten Auswahlprozesses bewertet werden.

Nach der technisch orientierten Vorauswahl läßt sich in diesen Tests eine Vorauswahl im Sinne der Ermittlung des "relevant attribute set"[22] treffen. Qualitative Daten aus Abriechtests geben Auskunft über Erlebnisdimensionen der Versuchsperson, quantitative Daten (z.B. über verbale oder visuelle like/dislike-Skalen ermittelt[23]) dokumentieren wahrgenommene Unterschiede zwischen Duftalternativen in numerischer Weise. Die Daten vernachlässigen die für das Dufterleben wichtigen Ausstrahlungseffekte, die von anderen Produkteigenschaften (z.B. Farbe, Packung) auf die olfaktorischen Komponenten eines Produktes ausgehen können.

Diese können im Rahmen eines <u>Produkttests</u> berücksichtigt werden, einer speziellen Untersuchung experimentellen Charakters, bei der es darum geht, den Reaktionszusammenhang zwischen objektiven Produkteigenschaften bzw. -merkmalen (als unabhängige Variable) und erlebnisbezogenen subjektiven Produktbeurteilungen (als abhängige Variable) aufzudecken und zu analysieren[24].

Wichtig für eine entscheidungsorientierte Duftevaluierung ist, daß im Rahmen von Produkttests die unmittelbare subjektive Erfahrung einer ganzheitlichen Produktvorgabe in einer <u>natürlichen Verwendungsform</u> ermöglicht wird. Die Vor-

---

[20] Vgl. Kroeber-Riel, W.; Möcks, R.; Neibecker, B.; Wirkung von Duftstoffen; S. 12 f.

[21] Vgl. ebenda, S. 12.

[22] Vgl. Myers, J. H.; Shocker, A. D.; Attributes; S. 218.

[23] Vgl. Bauer, E.; Produkttests; S. 193 ff.

[24] Vgl. ebenda, S. 12.

gabe alternativer Produktkonzeptionen, die lediglich aus unverbundenen verbalen und bildlichen Beschreibungen und einer Reihe von Duftalternativen bestehen, kann zwar in reinen Konzepttests sinnvoll sein, um grobe Diskrepanzen aufzudecken. Sie reicht aber für die endgültige Duft- bzw. Produktwahl nicht aus. Auf der einen Seite ist es hier nicht möglich, Irradiationseffekte der Produkteigenschaften untereinander (insbesondere im Hinblick auf Dufterlebnisse) an einem kompletten physischen Produkt zu analysieren, auf der anderen Seite kann die abstrakte Vorgabe und Beurteilung isolierter Produkteigenschaften in ihrer Addition zu technisch und wirtschaftlich unrealisierbaren Produkten führen[25].

Nach der Aufgabenstellung bilden sich bei Produkttests unterschiedliche Schwerpunkte heraus (Präferenz-, Diskriminanz-, Evaluations- und Akzeptanztests)[26]. Während in Präferenztests die affektive oder die affektive und kognitive Dimension von Duftpräferenzen beurteilt werden, liegen den Evaluationstests affektive, den Diskriminanztests kognitive und den Akzeptanztests konative Bewertungen zugrunde.

Eine mehrdimensionale Präferenzmessung, die zumindest die affektive und die kognitive Dimension berücksichtigt, ist demnach bei den drei letztgenannten Produkttestarten nicht möglich, weswegen auf sie nicht näher eingegangen wird. Wir wollen uns auf die Präferenztests konzentrieren.

<u>Präferenztests</u> sind Produkttests, deren Ziel es ist herauszufinden, ob, in welchem Maße und aus welchen Gründen die Versuchsperson dem Testobjekt gegenüber anderen Testobjekten (Testprodukten) in einer allgemeinen oder situationsspezifischen Hinsicht den Vorzug gibt[27].

Nach Anzahl der Testobjekte pro Testsubjekt und Gesamtzahl der unterschiedlichen Testobjekte lassen sich nach Kriterien wie Effizienz, Sensitivität und Zweckeignung für ihre Anwendung in der Duftmarktforschung vor allem monadische Präferenztests, Paarvergleichs-Präferenztests und Präferenz-Rangfolgetests heranziehen[28].

---

[25] Vgl. Thomas, L.; Conjoint Measurement; S. 199.
[26] Vgl. Bauer, E.; Produkttests; S. 30 ff..
[27] Vgl. ebenda, S. 96.
[28] Vgl. ebenda, S. 166.

Monadische Präferenztests sind dadurch gekennzeichnet, daß jeder Testperson nur ein Testprodukt vorgelegt wird und danach gefragt wird, inwieweit dieses gegenüber einem anderen (z.b. dem bisher verwendeten) Produkt vorgezogen wird oder nicht. - Sollen verschiedene Testprodukte mit z.b. unterschiedlichen Duftnoten untersucht werden, so werden bei monadischen Präferenztests entsprechend viele strukturgleiche Gruppen gebildet, die jeweils eine Variante zu beurteilen haben. In einem Paarvergleichs-Präferenztest werden jeder Versuchsperson zwei Testobjekte zur simultanen Beurteilung kurzzeitiger Produkteindrücke und -erfahrungen überlassen[29]. Das Ziel eines Präferenz-Rangfolgetests ist es, eine Vielzahl von Testprodukten hinsichtlich ihrer relativen Vorziehenswürdigkeit in eine Rangordnung zu bringen. Die Evaluierung kann sukzessive oder simultan, mit oder ohne Wahlzwang (forced choice), in Form eines vollständigen Tests (bei dem jede Versuchsperson sämtliche Testobjekte vergleicht), in Form eines unvollständigen Tests (wenn etwa bei mehr als vier Testobjekten eine Überlastung der Versuchspersonen zu erwarten ist) oder eines faktoriellen Tests erfolgen. Letzterer besteht in einem Produktformeltest, der über die Rolle alternativer Produktformeln und ihrer für die Präferenzbeurteilung wichtigen Produkteigenschaften Auskunft gibt[30].

Über Details der praktischen Anwendung eines Präferenz-Rangfolgetests gibt Kapitel V Aufschluß, wo im Rahmen einer Pilotstudie ein solcher Test in Form einer Conjoint-Analyse beschrieben wird. Bei diesem Test findet keine direkte Evaluierung einzelner Produkteigenschaften statt, sondern es werden über globale Produktpräferenzurteile mit Hilfe von statistischen Verfahren aus der Präferenzrangreihe Aussagen über die Präferenzwirkung und relative Wichtigkeit einzelner Produkteigenschaften, also auch Duftkomponenten, abgeleitet.

Die relativ einfache Bestimmung von Globalpräferenzen für eine Reihe von Produkten läßt Präferenz-Rangfolgetests als gut geeignet für Konsumentenbefragungen erscheinen. Die Schwierigkeit bei der Bewertung von olfaktorischen Komponenten in Produkttests liegt in der Anzahl der Produkte (die infolge der Überlastung der Geruchsrezeptoren nicht sehr groß sein darf) und in der Auswahl geeigneter Versuchspersonen.

Aufgrund der eingeschränkten Fähigkeit des "Normal-Verbrauchers" zu einer analytisch-exakten Duftevaluierung werden für Produkttests, die zu brauchbaren Beurteilungen einzelner Duftkomponenten und möglicher Beziehungen zu anderen

---

[29] Vgl. Bauer, E.; Produkttests; S. 103.
[30] Vgl. ebenda, S. 96 ff.

Produkteigenschaften führen sollen, fast ausschließlich Experten oder besonders qualifizierte Verbraucher ("Nasen") eingesetzt[31].

Es gibt Marktforschungsinstitute, die sich auf die Duftmarktforschung spezialisiert haben, wie z.B. das Analysis Institut für Marktforschung mit seinem Odor Evaluation Board (näheres hierzu siehe Kap. III, 5.2.).

4. Ausgewählte Instrumente der Präferenzmessung im Rahmen der Duftmarktforschung

4.1. Instrumente eindimensionaler Präferenzmessung

Instrumente eindimensionaler Präferenzmessung untersuchen nur eine Dimension der Präferenz. In der Regel ist dies die affektive, d.h. wertende Präferenzdimension[32].

4.1.1. Einfache Beurteilungsskalen und die Methode der summierten Ratings nach LIKERT

Das Messen mit einer Skala findet auf Basis einer Stichprobe von Aussagen/verbalen Verhaltensweisen (Items) aus der Gesamtheit von Duftpräferenzen statt[33]. Von dieser Stichprobe wird auf die Gesamtheit zurückgeschlossen. Die Auswahl der Items geschieht aus der Literatur oder intuitiv. Es muß geklärt sein, für welche und wieviele Dimensionen der Duftpräferenz die Items stehen, welches Skalenniveau die Skala besitzt und wie hoch die zeitliche Stabilität der Items anzusehen ist.

Bei der einfachen Beurteilungsskala (rating scale) wird ein Kontinuum vorgegeben (verbreitet ist eine 5er oder 7er Skala), auf dem die Beurteilung von Objekten vorgenommen, die Stärke der Zustimmung zu einem Statement gemessen

---

[31] Vgl. Jellinek, J. S.; Parfümieren; S. 46 ff.

[32] Vgl. Kroeber-Riel, W.; Konsumentenverhalten; S. 184.

[33] Vgl. Friedrichs, J.; Sozialforschung; S. 172.

wird[34]. Da einem Objekt vom Befragten nur ein Meßwert zugeordnet wird, beruht der gemessene Duftpräferenzwert nur auf einem Einzelindikator, einer Variablen[35]. Er ist aus diesem Grunde zu unspezifiziert, um in der Duftmarktforschung Anwendung zu finden.

Weitere Nachteile liegen in der Tendenz des Befragten, extrem zu bewerten, sowie in der Tatsache, daß bei einer zweipoligen Skala die Mitte mehrdeutig interpretiert werden kann[36]. Ratingskalen in ihrer üblichen Einteilung differenzieren nicht ausreichend und führen dadurch zu Informationsverlusten.

Für die Messung von Duftpräferenzen bietet die **Methode der summierten Ratings** Vorteile, da sie wirtschaftlich ist und auf mehreren empirischen Meßgrößen basiert, anstatt auf nur einer Variablen wie bei der einfachen Ratingskala. Hier werden die Punktwerte einer Person (Einzelscores) über alle abgefragten 20 – 25 Items hinweg addiert. Der Summenwert gilt als Meßwert der Präferenz. Diese Skala verfügt über keinen Nullpunkt und stützt sich auf ein vorausgehendes eindimensionales Skalierungsverfahren[37]. Differenziert wahrgenommene Reize mehrerer Objekte können nach verschiedenen Eigenschaftsausprägungen bewertet, ein Präferenzwert errechnet und damit Informationen für die präferenzorientierte Produktgestaltung mit olfaktorischen Produktkomponenten gewonnen werden. Einschränkungen des Skalierungsverfahrens sind im ungeklärten Skalenniveau und in den bereits dargestellten Nachteilen verbaler Befragungsmethoden für die Duftmarktforschung zu sehen.

4.1.2. Magnitudeskalierung

Die Magnitudeskalierung ist ein direktes Meßverfahren, mit dem die Stärke einer subjektiv wahrgenommenen Empfindung unmittelbar einer metrischen Größe (Mag-

---

[34] Vgl. Urban, G. L.; Hauser, J. R.; New Products; S. 180.

[35] Vgl. Kroeber-Riel, W.; Konsumentenverhalten; S. 186.

[36] Vgl. Friedrichs, J.; Sozialforschung; S. 175.

[37] Vgl. Kroeber-Riel, W.; Konsumentenverhalten; S. 188. Dabei wird eine zufällig angeordnete Itemauswahl (etwa 100 Items) mittels einer zweipoligen 5er Skala in einem Pretest bewertet. Durch Berechnung der internen Konsistenz zeigt man, daß die Items die gewünschte (affektiv-wertende) Dimension tatsächlich messen und zwischen Extremgruppen befriedigend diskriminieren. Die Anzahl der Items wird nach Maßgabe eines statistischen Wertes auf 20 –25 Items reduziert und bildet die Grundlage der endgültigen Skala. Vgl. dazu auch Friedrichs, J.; Sozialforschung; S. 175 f.

nitude), z.B. einer Zahl oder einer Linie zugeordnet wird[38]. Bei magnitudeskalierten Befragungen wird der Mensch selbst als "technisches Meßinstrument"[39], werden die Meßwerte als richtige und bedeutungsvolle Protokollsätze über seinen inneren Zustand[40], verstanden.

Dieses Verfahren kann angewandt werden, weil die objektive Stärke eines Reizes, der physikalischer, aber auch nicht-physikalischer Art sein kann (z.B. Einstellungen, Präferenzen)[41] in einem konstanten und gesetzesmäßigen Verhältnis zur subjektiven Erlebnisstärke steht. So bedeutet etwa die Bewertungszahl 30, daß die wahrgenommene Intensität eines Reizes doppelt so groß ist, wie die eines mit 15 und halb so groß ist, wie die eines mit 60 bewerteten Reizes. Diese Gesetzmäßigkeit konnte nach KROEBER-RIEL bislang für etwa 30 Modalitäten verläßlich nachgewiesen werden[42]. Magnitudeskalierung kann deshalb als <u>Instrument von intermodalen Messungen</u> angesehen werden.

Bei der Durchführung einer solchen Messung sind drei Punkte zu beachten[43]. Es muß sichergestellt werden, daß die herangezogenen Modalitäten erforscht sind, d.h. der ihr Verhältnis beschreibende Exponent als valide gilt. Ferner ist bei der Auswahl der Modalitäten für eine Messung sicherzustellen, daß sie eine differenzierte Bewertung der Reize zulassen. Sie müssen sich zudem in das Interview integrieren lassen und für Interviewer und Befragten problemlos benutzbar sein[44].

Die Datenerhebung selbst (wir folgen hier BEHRENS) gliedert sich in eine Übungs- und eine Skalierungsphase[45]. Die Übungsphase dient sozusagen der "Eichung" der Versuchspersonen, die sich mit dieser Methodik vertraut machen und mit dem Verständnis der Magnitudeskalierung ihre Eignung zur Messung

---

[38] Vgl. Kroeber-Riel, W.; Konsumentenverhalten; S. 189.

[39] Vgl. Behrens, G.; Magnitudeskalierung; in: Forschungsgruppe Konsum und Verhalten (Hrsg.); Innovative Marktforschung; Würzburg 1983, S. 126.

[40] Vgl. ZUMA (Zentrum für Umfragen, Methoden und Analysen e.V., Mannheim); ZUMA-Handbuch Sozialwissenschaftlicher Skalen; Bonn 1983, S. TE 7.

[41] Vgl. ebenda, S. TE 10.

[42] Vgl. Kroeber-Riel, W.; Konsumentenverhalten; S. 189.

[43] Vgl. Behrens, G.; Magnitudeskalierung; S. 133.

[44] Vgl. ebenda, S. 133 f.

[45] Vgl. ebenda, S. 134.

nachweisen können. In der Skalierungsphase wird den Versuchspersonen ein fester Bezugswert vorgegeben oder sie wählen ihn sich selbst aus ("freie" Magnitudeskalierung). Mit dem Referenzwert wird das Beurteilungsverhalten der Versuchspersonen normiert.

Gerade der Einsatz der freien Magnitudeskalierung ist als Meßinstrument in der Duftmarktforschung günstig zu beurteilen, da die Versuchspersonen hier nicht gezwungen sind, ihre Bewertungen auf ein vorgegebenes Antwortenkontinuum zu limitieren. Es kommt der starken Individualität von Dufturteilen entgegen, wenn sich der Befragte seinen eigenen Bewertungsrahmen schaffen kann und dadurch höher motiviert wird, seine Duftempfindungen zu messen. Gleichzeitig werden durch das freiere Bewertungsverfahren Verzerrungen, Fehlbewertungen und Informationsverluste vermieden, die aufgrund der reglementierenden Vorgabe eines engen Antwortenspektrums entstehen.

Ideal geeignet für die Anforderungen der Duftmarktforschung scheint Magnitudeskalierung dadurch zu sein, daß sie ein Instrument intermodaler Messung ist. Damit wird es dem Marktforscher möglich, die schwache Verbalisierungsfähigkeit des Menschen hinsichtlich seiner Duftwahrnehmung zu umgehen, indem er subjektiv empfundene Dufterlebnisse nonverbal, d.h. mit graphischen Darstellungen, Tönen oder Farben mißt. Durch die Verwendung anderer als der verbal-numerischen Modalitäten erhält man, dem emotionalisierenden Charakter der Düfte entsprechend, kognitiv weniger stark beeinflußte Befragungsergebnisse.

Über praktische Erfahrungen mit diesem Instrument in der Duftmarktforschung berichten KROEBER-RIEL und seine Mitarbeiter[46]. Sie sollen in Abschnitt 5.3. dargestellt werden.

4.2. Instrumente mehrdimensionaler Präferenzmessung

Instrumente mehrdimensionaler Präferenzmessung beziehen sich auf zwei Dimensionen der Präferenz, nämlich die affektiv-wertende und die kognitive[47].

---

[46] Vgl. Kroeber-Riel, W.; Konsumentenverhalten; S. 189. Anzumerken ist, daß Kroeber-Riel die Magnitudeskalierung den Instrumenten eindimensionaler Präferenzmessung zuordnet, obwohl durchaus auch denkbar ist, mit magnitudeskalierten Instrumenten sowohl affektive, als auch kognitive Dimensionen der Präferenz zu erheben und sie damit in eine Reihe mit Instrumenten mehrdimensionaler Präferenzmessung zu stellen.

[47] Vgl. ebenda, S. 190.

4.2.1. Semantisches Differential

Die von OSGOOD und HOFSTÄTTER entwickelte Methode mißt die semantische Bedeutung von Objekten anhand von Assoziationen. Die Stärke der Assoziationen und damit die relative Ähnlichkeit von Objekten im n-dimensionalen "semantischen Raum" läßt sich mit Ratingskalen in Form eines mit gegensätzlichen Assoziationswörtern (Items) kombinierten Satzes von bipolaren Skalen messen[48]. Beziehen sich die Items auf nur eine Dimension des zu messenden theoretischen Sachverhaltes, liegt ein eindimensionales Semantisches Differential vor, dessen Daten genauso wie die eines Satzes von Likert-Skalen ausgewertet werden. Da die Items jedoch üblicherweise nicht nur Eigenschaftswörter der affektiven, sondern auch der kognitiven Dimension der Präferenz umfassen, ist das Semantische Differential der mehrdimensionalen Präferenzmessung zuzurechnen.

Werden Mittelwerte der "scores" aller Befragten auf den Skalen graphisch miteinander verbunden, so erhält man ein charakteristisches Eigenschaftsprofil für die Objekte, so wie es die Befragten anhand der wahrgenommenen Stärken und Schwächen des Objektes sehen ("Profile Chart Analysis").

Anhand von Distanzmaßen zwischen den wahrgenommenen Objekten, insbesondere aus den Differenzen zu ideal wahrgenommenen/mit idealen Assoziationen verknüpften Objekten lassen sich Rückschlüsse auf die Präferenzstruktur der Versuchspersonen ziehen. Daten aus Messungen mit dem Semantischen Differential liegen Positionierungskonzepten in Wahrnehmungs- und Präferenzräumen zugrunde[49].

Eine für die Aussagefähigkeit des Semantischen Differentials wichtige Annahme besagt, daß die semantische Bedeutung von Objekten trotz individueller Unterschiedlichkeit relativ gleichartig für die Stichprobe ist[50]. Weiterhin wird vorausgesetzt, daß die Gegensätzlichkeit der Begriffspaare von allen Versuchspersonen verstanden wird. Allerdings sollten die Gegensätze nicht allzu negativ sein, da sonst die Tendenz einer zu "weichen" Reaktion besteht[51]. Die Polaritäten sollten so angeordnet sein, daß auf der einen Seite nicht nur ausschließlich positive oder negative Begriffe stehen. Weitere Annahmen sind schließlich, daß die

---

[48] Vgl. Friedrichs, J.; Sozialforschung; S. 185.
[49] Vgl. Kroeber-Riel, W.; Konsumentenverhalten; S. 192 und S. 205 f.
[50] Vgl. Friedrichs, J.; Sozialforschung; S. 184 ff.
[51] Vgl. ebenda, S. 186.

Bewertungsdaten intervallskaliert sind und zwischen den Begriffspolen eine echte Mitte existiert.

Nachteilig wirkt sich aufgrund der typischen Darstellung der sog. Profile Charts aus, daß nur eine begrenzte Anzahl von Objekten simultan dargestellt werden kann. Beziehungen zwischen den Items/Attributen der Objekte, die für die Ausgestaltung der Produktpolitik wichtig sind, werden mit dem Semantischen Differential nicht erfaßt[52].

Die Leistungen des Semantischen Differentials als dem in der Duftmarktforschung verbreitet eingesetzten Meßinstrument sind von MÖCKS analysiert worden. Im Zuge der bereits erwähnten Aktivierungsexperimente wurden acht Waschmitteldüfte Eigenschaftspolaritäten zugeordnet, die in einem bestimmten assoziativen Bezug zu den Düften stehen sollten[53]. Gemessen wurde mit Hilfe eines speziellen Duftprofils von EYFERTH (1963), das im vorliegenden Falle von ca. 30 Items auf 17 reduziert worden war. Diese Items[54] beschreiben Dufterlebnisse auf unterschiedlichen Dimensionen und liefern Hinweise auf Duftaktivierung[55].

Ergebnis ihrer Messungen ist, daß sich die Aktivierungswirkung von subjektiv nicht wahrnehmbaren Düften verbal nicht messen läßt. Dagegen legen die Ergebnisse nahe, daß die verbale Befragung mittels Semantischen Differentials zur Ermittlung von bewußten Dufterlebnissen durchaus geeignet erscheint, da sie hier relativ gut diskriminiert[56].

Der Vergleich der Duftprofile mit direkt erfragten Präferenzdaten ("Welches Waschmittel würden Sie am liebsten verwenden?") ergab, daß ein angenehmes und prägnant wahrgenommenes Dufterlebnis die Verwendungspräferenz eines Produktes bedingt[57].

Das Semantische Differential ist daher - abgesehen von den generellen Schwächen verbaler Verfahren in der Duftmarktforschung - ein geeignetes Instrument,

---

[52] Vgl. Wind, Y.; Product Policy; Reading, Mass. 1982, S. 81 f.

[53] Vgl. Möcks, R.; Wirkung von Duftstoffen; S. 35 ff.

[54] Vgl. Abb. 14.

[55] Vgl. Möcks, R.; Wirkung von Duftstoffen; S. 36.

[56] Vgl. ebenda, S. 46.

[57] Vgl. ebenda, S. 50.

um Duftalternativen hinsichtlich ihrer Erlebnisqualität als präferenzbildende Produkteigenschaften für ein bestimmtes Produktkonzept auszuwählen.

Abb. 14:   Itemliste zur Erstellung von Duftprofilen

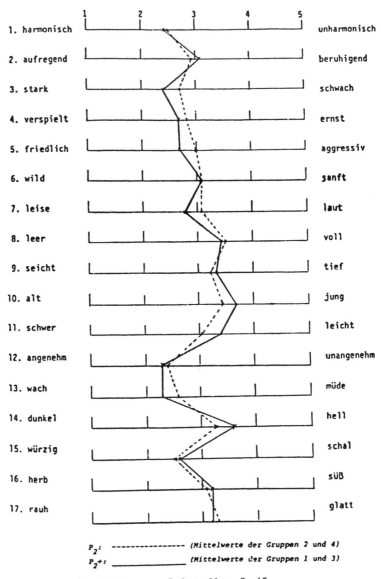

aus: Möcks, R., Wirkung von Duftstoffen, S. 45

4.2.2. Multiattributive Präferenzmeßmodelle

Auf ähnliche Meßwerte wie das Semantische Differential, jedoch mit Hilfe von spezifischen, auf das Präferenzobjekt und seine Produkteigenschaften bezogene Items stützen sich Präferenzmeßmodelle. Sie messen nicht nur isoliert die Perzeptions- und die Bewertungskomponente von Objektmerkmalen (also mehrdimensional), sondern verknüpfen auch die gewonnenen Eindruckswerte für mehrere Merkmale des Objekts (also multiattributiv)[58].

Vorrangige Aufgabe von Präferenzmeßmodellen ist es nicht, zu einem einzigen (dem "richtigen") Präferenzwert für ein Objekt zu gelangen, den man mit anderen, eben dargestellten Methoden auch direkt erheben könnte. Vielmehr sollen sie den menschlichen Präferenzbildungsprozeß simulieren, seine Ablaufstufen analysieren und daraus Rückschlüsse auf die Wichtigkeit einzelner Präferenzfaktoren ziehen. Modellkombinationen, die den Prozeß abzubilden versuchen, wie das "adequacy importance"-Modell, das additive Teilnutzenwertmodell und das "ideal point"-Modell sind bereits vorgestellt worden.

Vor der eigentlichen Datenerhebung muß die inhaltliche Klärung dreier Einflußfaktoren erfolgen, die die Ausgestaltung des Meßmodells wesentlich beeinflussen: Es muß das Stimulus-Material in seiner Art und Präsentation für den Konsumenten definiert werden (z.b. visuelle oder verbale Produktdarstellung), die Aufgabe des Beurteilers muß festgelegt sein (etwa Abgabe von Global- oder Einzelurteilen) und schließlich ist auch die Art der Reaktion des Beurteilenden zu bestimmen (z.B. verbale oder nicht-verbale Antworten)[59].

Nach welchen Regeln die <u>Verknüpfung</u> der einzelnen Merkmalsausprägungen (Profilpunkte) zu einem Gesamtprofil vorgenommen werden kann, hat BÖCKER dargelegt[60]. Er unterscheidet für die Quantifizierung die folgenden drei Parameterisierungsmöglichkeiten:

Unter <u>kompositioneller Parameterisierung</u> versteht er die Erhebung der Eindruckswerte aller Merkmale eines Objektes mittels Rating-Skalen und ihre Summation zu einem globalen Präferenzindikator für dieses Objekt. Das "adequacy importance"-Modell wird üblicherweise auf diese Art parameterisiert. Der größte

---

[58] Vgl. Kroeber-Riel, W.; Konsumentenverhalten; S. 193.

[59] Vgl. Wind, Y. J.; Product Policy; S. 93.

[60] Vgl. Böcker, F.; Präferenzforschung; S. 562 ff.

Nachteil kompositioneller Präferenzmeßmodelle ist darin zu sehen, daß die präferenzdeterminierenden Dimensionen dem Konsumenten vom Marktforscher vorab definiert vorgegeben werden.

Diesen Nachteil versucht man auszugleichen, indem man die Präferenzmeßmodelle dekompositionell parameterisiert. Das bedeutet, daß lediglich generelle Präferenzindikatoren erhoben werden, aus denen unter Annahme bestimmter Präferenzmodelle auf vorab nicht definierte kognitive und affektive Komponenten geschlossen wird. Nachteilig wirkt sich bei dieser Art der Messung aus, daß die präferenzdeterminierenden Dimensionen inhaltlich unbestimmt bleiben[61].

Eine Parameterisierungsmethode, die die präferenzdeterminierenden Dimensionen den Konsumenten zwar nicht direkt vorgibt, aber trotzdem Aussagen über die Natur der Dimension zuläßt, ist die quasidekompositionelle Parameterisierung. Hierbei werden Merkmale vorgegeben, die inhaltlich bestimmt sind, aber in Form faktorieller Produktdesigns als Ganzes dem Konsumenten zur Beurteilung vorgelegt werden. Erhoben wird ein globaler Präferenzwert, der nach Maßgabe vorher bestimmter Modelle in die merkmalsspezifischen Teilnutzenwerte zerlegt wird[62].

Quasidekompositionelle Präferenzanalysen, die das Teilnutzenwertmodell und eine linear-additive Verknüpfung unterstellen, bezeichnet man als Conjoint-Analysen. Sie sind geeignet, die menschlichen Nutzenabwägungen ("trade offs") explizit zu berücksichtigen und ohne Verzerrungen (etwa Rationalisierungen) abzubilden. Von den drei vorgestellten Parameterisierungsverfahren besitzen Conjoint-Analysen die größte praktische Relevanz[63] und sie bieten sich aus diesem Grund für die Messung von Duftpräferenzen an. Vorteilhaft im Hinblick auf ihre duftspezifische Anwendung ist, daß Conjoint-Analysen von Konsumenten keine extensiven Beurteilungsvorgänge verlangen, sondern lediglich die Äußerung einer Globalpräferenz. Es ist sicher einsichtig, daß ein Konsument i.d.R. überfordert ist, wenn er Ausprägungen vorgegebener Duftkomponenten vergleichen soll oder darüber hinaus aus Ratingskalenwerten seine persönlichen Idealausprägungen ableiten soll.

Da Conjoint-Analysen die relative Wichtigkeit einzelner Präferenzfaktoren aufgrund der Teilnutzenwerte errechnen und Aussagen über das Kompromißverhalten

---

[61] Vgl. Böcker, F.; Präferenzforschung; S. 562 f.
[62] Vgl. ebenda, S. 564.
[63] Vgl. ebenda.

der Konsumenten in der Auswahlsituation ermöglichen, bieten sie erste Ansatzpunkte für den Einsatz von Marketing-Instrumenten, also für die Aktionsseite des Marketing.

Hierfür sind Fragen der Beeinflussung der Art und Zahl beurteilungsrelevanter Produkteigenschaften, der Veränderung von Realbeurteilungen und der Beeinflussung der Gewichtung und Idealvorstellung von Eigenschaften wichtig. Sie determinieren die Marketingmaßnahmen zur Intensivierung von Produktwahrnehmungen der Konsumenten, zur Beseitigung von Fehlwahrnehmungen und zur Verlagerung von Wahrnehmungen in Form von Produktinnovationen, -variationen oder -eliminationen[64].

Bei der Messung von Produktpräferenzen mittels Conjoint-Analyse läßt sich somit direkt von einem Präferenzwert auf die ihn determinierenden Dimensionen – also auf chemisch-physikalische Merkmale – schließen und es lassen sich exakte, für die Produktgestaltung direkt umsetzbare Informationen über die Präferenzwirkung einzelner Merkmale ableiten.

Im empirischen Teil dieser Arbeit (V. Kapitel) soll eine Conjoint-Analyse für Shampoos vorgestellt werden; ihre methodischen Grundlagen sollen bereits im folgenden Abschnitt als "Exkurs" referiert werden.

Exkurs: Die Methode der Conjoint-Analyse

- Begriff und Merkmale der Conjoint-Analyse

Unter CA (in der Literatur ist z.T. auch der Ausdruck Conjoint Measurement (CM) gebräuchlich) versteht man "eine Gruppe psychometrischer Verfahren zur mehrdimensionalen Dekomposition ordinaler oder kategorischer Daten über die globale...Präferenzbeurteilung komplexer Stimuli, die mittels systematischer Kombinationen spezifizierter Ausprägungen von Merkmalen konstruiert werden. Ziel von CM-Analysen ist die simultane (conjoint), metrische Skalierung jeder der unabhängigen Variablen (Merkmalsausprägungen) und der abhängigen Variablen derart, daß die beobachteten Relationen zwischen den empirischen Beurteilungs-

---

[64] Vgl. Freter, H.; Einstellungsmodelle; S. 180.

werten bei Anwendung eines bestimmten Meßmodells 'bestmöglich' reproduziert werden"[65].

Im vorausgegangenen Abschnitt ist die CA bereits als multiattributives quasidekompositionelles Präferenzmeßmodell eingeordnet worden, das einen globalen Präferenzindikator nach Maßgabe des additiven Teilnutzenwertmodells in einzelne Präferenzfaktoren zerlegt und deren relative Präferenzbeiträge gegeneinander abwägt. Im folgenden werden weitere Merkmale der CA dargestellt, wobei das Stimulusmaterial, die Erhebungsmethoden und schließlich das gewonnene Datenmaterial mit seinen Anwendungsmöglichkeiten im Mittelpunkt stehen.

- **Voraussetzungen und Annahmen bei der Wahl des Stimulusmaterials**

Eine CA zerlegt Globalpräferenzwerte über systematische Kombinationen beurteilungsrelevanter Merkmale, die nach Maßgabe eines bestimmten experimentellen Designs zusammengestellt werden[66]. Vor der Datenerhebung ist zu klären, welche urteilsdeterminierenden Merkmale (welches "relevant attribute set") die Beurteilungsobjekte in sich bündeln müssen, um für die zu untersuchende Zielgruppe relevante Entscheidungsalternativen darzustellen[67]. Die CA geht damit (wie auch alle anderen Präferenzmeßmodelle) von der Voraussetzung aus, daß produktimmanente Faktoren die Auswahlentscheidung für ein Produkt bestimmen.

Die Auswahl des "relevant attribute set" wird in der Praxis nach Plausibilitätsgesichtspunkten getroffen, da qualitative Methoden zur Bestimmung beurteilungsrelevanter Merkmale im Regelfall zu aufwendig sind. Die Entscheidung über die Anzahl der Merkmale im Untersuchungsdesign ist eine Kompromißentscheidung zwischen Realitätsnähe der Objektbeschreibung und den Anforderungen an die Determiniertheit der Skalierungsergebnisse[68]. In der Regel werden Stimulimengen den Umfang von 30 Merkmalen nicht überschreiten[69].

---

[65] Vgl. Thomas, L.; Conjoint Measurement; S. 199.

[66] Vgl. ebenda.

[67] Für alle nicht explizit untersuchten Produkteigenschaften gilt die ceterisparibus-Bedingung.

[68] Vgl. Thomas, L.; Conjoint Measurement; S. 203 f. Mit steigender Stimulusmenge verbessert sich die Validität der Präferenzurteile, dafür verschlechtert eine höhere Anzahl an Schätzgrößen die Determiniertheit der Ergebnisse.

[69] Vgl. Green, P. E.; Srinivasan, V.; Conjoint Analysis in Consumer Research: Issues and Outlook; in: Journal of Consumer Research, Vol. 5, Sept. 1978, S. 109.

Weitere Voraussetzungen bei der Auswahl der Merkmale der Beurteilungsobjekte leiten sich aus der Additivitätshypothese der CA ab. Diese weist die CA als kompensatorisches Modell aus, das erlaubt, Merkmale untereinander abzuwägen. Damit ist bei der Stimuluswahl die Forderung begründet, daß in bezug auf die Merkmale keine Akzeptanzschwellen oder Präferenzzentren für den Beurteilenden existieren, denen ein kompensatorisches Modell nicht gerecht werden kann[70].

Die Annahme der Unabhängigkeit der Faktoren, die mit der Wahl eines additiven Präferenzmeßmodells einhergeht, schränkt die Aussagefähigkeit der CA ein. CA ist kein interaktives Modell[71]. In die gleiche Richtung zielt die Kritik an der CA, daß die Summe der Teilnutzenwerte nicht unbedingt "the essence of some products and services"[72] abbildet. Weiterhin besteht bei der Konstruktion der Stimuliprofile mit unabhängigen Faktoren die Gefahr, daß für den Konsumenten unglaubwürdige Kombinationen entstehen.

Schließlich setzt der Einbau von Merkmalen in ein faktorielles Design bestimmte Eigenschaften des Stimulusmaterials voraus. Die Merkmale müssen für den Marktforscher beeinflußbar und realisierbar sein und sich zahlenmäßig begrenzen lassen[73].

- **Erhebungsmethoden**

Eine Erhebungsmethode ist die Zwei-Faktor-Bewertung in Form sog. "Trade-Off-Matrizen", bei der jeweils nur die Ausprägungen zweier Merkmale gegenübergestellt und von der Versuchsperson bewertet werden[74]. Diese Vorgehensweise ist zeitaufwendig und nicht realitätsnah, da sie der Ganzheitlichkeit der Produktbeurteilung widerspricht.

---

[70] Vgl. Thomas, L.; Conjoint Measurement; S. 204.

[71] Vgl. Green, P. E.; Wind, Y.; New Way to Measure Consumers' Judgments; in: Harvard Business Review; Vol. 53, No. 4, July-August 1975, S. 114.

[72] Vgl. ebenda, S. 115.

[73] Vgl. Backhaus, K.; Erichson, B.; Plinke, W.; Schuchard-Ficher, C.; Weiber, R.; Multivariate Analysemethoden; 4. Aufl., Berlin 1987, S. 348.

[74] Vgl. Thomas, L.; Conjoint Measurement; S. 205.

Die andere Methode bezeichnet man als Profil- oder Konzeptbewertung[75]. Sie bietet dem Beurteilenden vollständige Merkmalsprofile in Form von verbalen Beschreibungen, Produktkonzepten oder konkreten physischen Produkten als Stimulusmaterial an. Die Beurteilungssituation wird damit anschaulicher und konkreter, andererseits aber auch komplexer. Sie verlangt kognitiv höhere Anforderungen von den Befragten als im Fall der "Trade-Off-Matrizen".

Um die Versuchspersonen mit der Beurteilung komplexer Stimuliprofile nicht zu überfordern, ist eine Reduktion der Merkmale erforderlich. Schon bei der relativ geringen Anzahl von 3 Merkmalen in jeweils 3 Ausprägungsstufen ist ein vollständiges faktorielles Design mit 27 alternativen Merkmalsprofilen erreicht. Fraktionierte faktorielle Designs versuchen, das vollständige Design möglichst gut zu repräsentieren. Sie reduzieren dabei den ursprünglich erheblichen Beurteilungsaufwand (in diesem Fall von 27 auf 9 Alternativen), vernachlässigen aber im Sinne der Additivitätshypothese "Faktorinteraktionswirkungen"[76].

Beurteilungsaufgabe für die Versuchspersonen ist das Legen einer Präferenzrangreihe für die vorgegebenen Merkmalsprofile. Möglich sind auch Rangreihen unter anderen Beurteilungsaspekten wie Preis-Leistungsverhältnis, Gebrauchstüchtigkeit oder Eignung für eine bestimmte Konsumentengruppe oder ein bestimmtes Konsumziel[77].

Die Rangdatenreihe jedes einzelnen Befragten fließt in den Computeralgorithmus. Zusätzlich zu den Rangdaten werden im Rahmen einer CA meist persönliche Hintergrunddaten oder isolierte Präferenzdaten erhoben, um eine Analyse möglicher Verbrauchersegmente durchführen zu können.

- **Meßergebnisse und ihre Anwendungsmöglichkeiten**

Aus der Rangreihe errechnet der Computer die Teilnutzenfunktion für jeden Faktor. Die Teilnutzenfunktion setzt sich aus den Teilnutzenwerten der einzelnen Faktorausprägungen zusammen. Die Summe der Teilnutzenwerte eines be-

---

[75] Vgl. Anttila, M.; v.d. Heuvel, R. R.; Möller, K.; Conjoint Measurement for Marketing Management; in: European Journal of Marketing; Vol. 14, No. 7, 1980, S. 403.

[76] Thomas, L.; Conjoint Measurement; S. 205. Als Versuchsplan für ein fraktioniertes faktorielles Design sind "Lateinische Quadrate" oder "Orthogonale Felder" geeignet. Vgl. dazu Bauer, E.; Produkttests; S. 111 ff und Backhaus, K.; u.a.; Multivariate Analysemethoden; S. 351.

[77] Vgl. Green, P. E.; Wind,Y.; Consumers'Judgment; S. 112.

stimmten Merkmalsprofils ergibt den Gesamtpräferenzwert für diese Faktorkombination. Der Gesamtpräferenzwert ist nach Maßgabe des gewählten Algorithmus dem ursprünglichen Präferenzrangplatz rechnerisch so weit wie möglich angeglichen.

Die Teilnutzenwerte besitzen gleiches Skalenniveau (Intervallskalenniveau) und gleiche Skaleneinheit. Damit sind sie direkt miteinander vergleichbar. Der Vergleich der Teilnutzenwerte kann auf Individual- oder aggregiertem Niveau vorgenommen werden.

Mit Informationen dieser Art und unter Zuhilfenahme verbraucherbezogener Daten gibt eine CA dem Produktgestalter Antworten auf vier wichtige Problembereiche[78].

Der erste Bereich umfaßt die Analyse des absoluten Präferenzbeitrages eines Faktors und seiner Ausprägungsstufen. Damit werden für den Produktgestalter die hauptsächlichen Präferenzfaktoren in ihren wichtigen Ausprägungen bekannt. Aus der Größe der Abweichungen der Teilnutzenwerte untereinander läßt sich auf die relative Wichtigkeit der Einzelfaktoren für die Gesamtpräferenz schließen. Der Produktgestalter kann beurteilen, wie stark die Präferenz der Konsumenten für welche Merkmale und welche Produktalternativen ausgeprägt ist. Aus der relativen Wichtigkeit der Einzelfaktoren gewinnt der Produktgestalter Erkenntnisse über das Kompromißverhalten der Verbraucher. Er kann sich errechnen, in welchem Ausmaß er ein Merkmalsprofil eines Produktes ändern kann, bis es gegenüber einem anderen nicht mehr präferiert wird. Der letzte Anwendungsbereich liegt darin zu analysieren, wie stark die Präferenzbeurteilungen innerhalb der Verbraucher variieren und inwiefern daraus eine sinnvolle Segmentierung abgeleitet werden kann.

Die Antworten auf alle Fragenkomplexe dienen dazu, Rückschlüsse auf eine zielgruppenadäquate Produktgestaltung zu ziehen. Da Ausprägungen jedes absatzpolitischen Instrumentes in einer CA auf ihre Präferenzbeiträge hin untersucht werden können und diese subjektiven Eigenschaftsbeurteilungen für den Produktgestalter unmittelbar auf objektive Produkteigenschaften zurückzuführen sind, gilt die CA als äußerst praxisnahe Methode der Präferenzanalyse.

---

[78] Vgl. Anttila, M.; v.d. Heuvel, R. R.; Möller, K.; Conjoint Measurement; S. 399.

Infolge der direkten Umsetzbarkeit ihrer Ergebnisse entfällt für den Produktgestalter das Nachvollziehen von Transformationen der Konsumenten, was im Anschluß an andere, auf BEN/IM basierende multiattributive Methoden der Präferenzmessung in Form einer Benefit-Zerlegung notwendig ist.

Dieser Vorteil der CA muß aber im Lichte der umfangreichen Vorstudien zur Aufdeckung und Auswahl des "relevant attribute set" gesehen werden. Für qualitative Studien vor oder nach einer Präferenzmessung mit multiattributiven Präferenzmeßmodellen gibt es für den Marktforscher keinen Ersatz, soll im Falle einer CA zwischen den Anforderungen hochentwickelter CA-Verfahren an das experimentelle Design und den Wirkungsanalysen im Bereich des absatzpolitischen Instrumentariums keine Diskrepanz bestehen[79].

5. Ausgewählte Instrumente der angewandten Duftmarktforschung

In diesem Abschnitt werden verschiedene Instrumente der Präferenzmessung vorgestellt, die in der Praxis Anwendung finden und die mit ihrem spezifischen Informationsgehalt einen wesentlichen Beitrag zur Evaluierung und Auswahlentscheidung von olfaktorischen Produktkomponenten liefern.

5.1. "Fragrance Mapping"

5.1.1. Inhalte und Ziele von "Fragrance Mapping"

Bei der Beschreibung der Benefit-Zerlegung in Abschnitt II, 5.2. ist bereits angeklungen, daß es Verfahren gibt, die dem Produktgestalter erlauben, die Benefit-Zerlegung mit empirisch gestützten Daten zu objektivieren. "Fragrance Mapping" (FM) umfaßt die deskriptive Analyse der Beziehungen zwischen den BEN/IM und den CHAR olfaktorischer Produktkomponenten und deckt damit einen großen Teil der von der Benefit-Zerlegung analysierten Transformationen des Konsumenten ab.

---

[79] Vgl. Thomas, L.; Conjoint Measurement; S. 210.

FM ist aber auch ein Instrument der qualitativen Vorauswahl zwischen mehreren alternativen Produktkonzeptionen. Die Analyse des sog. "relevant attribute set"[80] der Konsumenten zum Zwecke der Reduktion der Alternativen als Grundlage für sich anschließende Präferenzmessungen muß mit einer relativ zuverlässigen Methode durchgeführt werden, die zudem die umfangreichen Konsumentenbefragungen vermeiden hilft, die bei ungenügender Konzeptvorauswahl nötig werden. FM ist darüber hinaus in der Lage, die laufende Überprüfung von aktuellen Duftpositionen zu Konkurrenz- oder Idealpositionen zu ermöglichen, und damit der Forderung an ein solches Instrument zu entsprechen, technische oder marketingrelevante Vorgaben ohne Informationsverluste in ein Produkt umzusetzen.

FM ist der Versuch, die Dimensionen der von den Konsumenten wahrgenommenen Produkteigenschaften (in diesem Fall Duftalternativen) in deskriptiver Weise zu ermitteln, mit statistischen Methoden die wichtigsten Dimensionen herauszufiltern und in ein "Duftlexikon" umzusetzen.

Hintergrund für diese Studie[81], die 1979 für Colgate Palmolive in Großbritannien durchgeführt wurde, waren die Duftschwächen des Geschirrspülmittels "Palmolive" im Vergleich zu Konkurrenzprodukten, wie sie in Blindtests festgestellt wurden.

Mit Hilfe des "Duftlexikons" hat der Produktgestalter ein praktikables Instrument in der Hand, Assoziationen des Konsumenten zwischen Duft (als chemischphysikalische Produktkomponente) und Dufterlebnissen und -wünschen (BEN/IM) und dem damit verbundenen Präferenzverhalten offenzulegen. Es ist möglich, die aktuelle Positionierung eines Produktes im Vergleich zu anderen Düften zu prüfen, eine Idealpositionierung nach Duft und Image für ein Produkt zu finden und über ein exaktes und aussagekräftiges Briefing für die Techniker zur Auswahl des richtigen Duftes oder mehrerer möglicher Düfte für abschließende Produkttests zu gelangen. Gleichzeitig werden mit FM die methodischen Nachteile von aufgeblähten In-Home-Tests vermieden.

---

[80] Vgl. Myers, J. H.; Shocker, A. D.; Attributes; S. 218; Freter, H.; Einstellungsmodelle; S. 172 und Böcker, F.; Marketing; S. 53.

[81] Vgl. Alan Frost Associates - Colgate; Fragrance Mapping; Untersuchungsbericht zu Geschirrspülmitteln; July 1979, S. 1-23.

5.1.2. Die Analysestufen des "Fragrance Mapping"

Die erste Stufe umfaßt die Ermittlung von Deskriptoren für eine Reihe von zu testenden Düften, deren Auswahl der Duftstoffhersteller übernimmt. Im vorliegenden Fall waren dies 30 bis 35 Düfte aus dem Bereich aktueller Geschirrspülmittel und 15 bis 20 Experimentaldüfte, die neueste internationale Trends widerspiegelten. In ausgedehnten Interviews und Gruppensitzungen werden von Versuchspersonen aus der Zielgruppe anhand von wahrgenommenen Düften Deskriptoren entwickelt, die nicht nur Adjektive (z.B. "schwer", "grasig", "rosa"), sondern auch Begriffe mit Assoziationsgehalt enthalten können (z.B. "Herbst", "Hausfrau", "alte Kirche"). Die Wichtigkeit und Aussagekraft dieser Deskriptoren für den Konsumenten wird festgehalten.

In der zweiten Stufe des FM erfolgt die Reduktion der gewonnenen Deskriptoren auf eine hinsichtlich der weiteren Anwendbarkeit vernünftige und handhabbare Anzahl (im vorliegenden Fall von 125 auf 75 Deskriptoren). Trotz der Verringerung bleibt die Anzahl an Deskriptoren weiterhin aussagekräftig und läßt ausreichend große Beurteilungsspielräume für den Konsumenten offen. Die Reduktion geschieht durch eine unternehmensinterne Expertenbeurteilung (Parfüm-Abteilung, Qualitätskontrolle, Marketing und Marktforschung), in deren Verlauf die Deskriptoren gruppiert, nach Aussagefähigkeit und Nutzbarkeit für Konsument und Produzent bewertet und bei mangelhafter Aussagekraft verworfen werden. Deskriptoren einer Kategorie werden auf Karten gedruckt, die die Grundlage für die quantitative Bewertung im dritten Schritt sind[82].

In Form eines partiellen Testdesigns, bei dem in diesem Fall jede Versuchsperson durchschnittlich 8 Düften pro Interview anhand der Deskriptorkarten eine passende Beschreibung (Dufterlebnis) aus mehreren Deskriptoren zuordnete, entstanden zwei Datensätze, wovon einer auf den Düften, der andere auf den Deskriptoren basiert. Für jeden Duft werden mittels Cluster-Analyse die 10 ähnlichsten Düfte (ausgedrückt durch Distanzmaße) sowie die 10 am häufigsten genannten Deskriptoren ermittelt (ausgedrückt in Prozent der Versuchspersonen, die diesen Deskriptor mit dem Duft assoziieren)[83]. Für jeden Deskriptor werden die 10 ähnlichsten Deskriptoren (ausgedrückt durch Distanzmaße) und die 10

---

[82] Vgl. Tab. 5 im Anhang.

[83] Vgl. Tab. 6 im Anhang.

geeignetsten Düfte ermittelt (ausgedrückt in Prozent der Versuchspersonen, die diesen Duft mit dem Deskriptor verbinden)[84].

In der vorliegenden Studie wurden insgesamt 250 Interviews gehalten. Jeder Duft wurde etwa vierzigmal bewertet, was angesichts des eng definierten Ausprägungsraums für den Duft in Geschirrspülmitteln ausreichend erschien.

Aus dem "Duftlexikon", das aus der "Duft-Datei" und der "Deskriptoren-Datei" besteht, lassen sich die Bausteine für ein neues physiches Produkt und die darauf basierenden Elemente des Marketing-Mix relativ leicht ablesen. So informiert die "Duft-Datei" den Produktgestalter beispielsweise bei Entscheidungen zur Abgrenzung des eigenen Produkts von Konkurrenzprodukten über die Ähnlichkeit oder Unterschiedlichkeit der entsprechenden Düfte. Die "Duft-Datei" kann aber auch über vorherrschende Duftassoziationen Auskunft geben, die bei Entscheidungen der produktbezogenen Marktkommunikation herangezogen werden können. Der Produktgestalter kann mit der "Duft-Datei" die Grundlage für Produktfamilien schaffen oder "Me-too-Produkte" lancieren.

Durch die "Deskriptoren-Datei" wird der Produktgestalter informiert über die chemisch-physikalischen Äquivalente von verbal geäußerten Dufterlebnissen, die dem Produktgestalter aus explorativen Markterhebungen für mögliche Produktinnovationen oder auch aus schon konzipierten Produkttests mit verbaler Präferenzmessung zur Verfügung stehen. Zu den Deskriptoren lassen sich die passenden Düfte finden. Damit kann ein Produktkonzept konsumentenorientiert mit den erwünschten olfaktorischen Produkteigenschaften ausgestattet, bzw. die Werbe- und Verpackungsgestaltung mit einer Reihe auf den Duftstoff abgestimmter Assoziationsbegriffe (Deskriptoren) abgerundet werden.

Die bereits im "Duftlexikon" erfaßten Düfte können - und dies ist ein großer Vorteil des FM - mit beliebig vielen neuen Düften verglichen werden. Der vierte Schritt im FM besteht deshalb in der Integration weiterer Düfte in das FM-System, die nach der gleichen Methode wie die schon aufgelisteten Düfte bewertet werden. Hinzukommende Düfte können neue Konkurrenzdüfte oder Idealdüfte (ermittelt über Zusammenstellung ideal empfundener Deskriptoren) sein.

Kritikpunkte an der Methode des FM sind die allgemeinen Schwächen, die bei allen verbalen Verfahren der Präferenzanalyse von olfaktorischen Produktkomponenten auftreten und aus der verbal-restringierten, idiosynkratischen und von

---

[84] Vgl. Tab. 6 im Anhang.

körperlich-seelischen und Umweltfaktoren beeinflußten Bewertung von Düften herrühren.

Fraglich bleibt die interkulturelle Übertragbarkeit von Methoden wie FM. Es ist denkbar, daß die Bevölkerung eines Kulturkreises wesentlich duftsensibler eingestellt ist als die eines anderen und deshalb zu wesentlich aussagekräftigeren Ergebnissen bei der Duftevaluierung kommt. Aus diesem Grund kann FM in anspruchsvollen nationalen Märkten trotz seines höheren Aufwandes gegenüber Produkttests üblicher Art Kosten- und Zeitvorteile bieten. Auf einem Markt wie dem deutschen muß jedoch angenommen werden, daß sich FM in der hier beschriebenen Form für einen Großteil von Evaluierungsvorhaben als zu aufwendig erweisen und in der Praxis nur bei sehr umfangreichen Projekten mit entsprechend großem Entwicklungsbudget und Absatzpotential Anwendung finden wird.

Unbestritten ist jedoch die Leistungsfähigkeit von FM, wenn es darum geht, Einblick in die Duftwahrnehmung der Konsumenten zu erhalten, Vergleiche von bestehenden Düften zu Konkurrenz- oder Idealdüften in der Vorauswahlphase anzustellen und damit zu Hinweisen für die Alternativauswahl und deren Produktgestaltung zu gelangen.

Eine dem FM ähnliche Methode, die unter der Bezeichnung "descriptive sensory analysis" gefaßt wird, ist bei der Beurteilung einer Reihe von Whisky-Sorten unterschiedlicher Herkunft und unterschiedlichen Alters mit mehreren Panels (Experten- und Konsumentenpanels) durchgeführt worden[85]. Auch hier galt als Ziel, jeden "descriptive term" mit einer physischen Komponente zu verbinden, um so Hinweise für die Produktgestaltung zu erhalten. Ein solchermaßen generiertes Geschmackslexikon findet in der schottischen Whisky-Industrie Anwendung[86].

---

[85] Vgl. Hose, L. P.; Pigott, J. R.; Descriptive Sensory Analysis of Scotch Whisky; in: v.d. Starre, H. (Hrsg.); Proceedings of the Seventh International Symposium on Olfaction and Taste and of the Fourth Congress of the European Chemoreception Research Organization; London 1980, S. 449 f.

[86] Vgl. Swan, J. S.; Burtles, S. M.; Quality Control of Flavour by the Use of Integrated Sensory Analytical Methods at Various Stages of Scotch Whisky Production; in: v.d. Starre, H. (Hrsg.); a.a.O., S. 451 f.

5.2. Das Odor Evaluation Board Deutschland (OEB)

5.2.1. Inhalte und Zielsetzung des OEB

Im Gegensatz zu FM ist das OEB ein Instrument der Duftbeurteilung, das duftspezifische Besonderheiten zu berücksichtigen versucht und die Vorteile externer, marktnaher Panels nutzt. "OEB Deutschland" ist das Duftevaluierungspanel eines Marktforschungsinstitutes, das seine Tätigkeitsschwerpunkte auf die Duftmarktforschung gelegt hat[87].

Die Entstehung des OEB und das Marktpotential, auf das aus der Nachfrage nach diesem Instrument zu schließen ist, beweisen, daß die "Duftproblematik" im Rahmen der Produktgestaltung von den Unternehmen erkannt wird. Olfaktorische Produktkomponenten, nicht nur in traditionellen Produkten wie Haushaltsreiniger, Kosmetika und Körperpflegemittel, sondern auch in bislang "duftfremden" Branchen wie Bekleidung, Spielzeug und Klimatechnik, werden nicht länger nur als ein Zusatzproblem behandelt, das mehr oder minder zufällig mit dem übrigen Produktdesign gelöst wird. Düfte als präferenzbildende Produkteigenschaft rücken aus dem Entscheidungsbereich der Labors immer mehr in den Blickpunkt des Marketing, wo sie als Gestaltungsparameter für das absatzpolitische Instrumentarium eines Unternehmens den ihnen gebührenden Platz einnehmen.

Das Odor Evaluation Board besteht aus einem festen Personenkreis von etwa 160 ausgewählten, duftsensibilisierten Verbrauchern, der etwa zwei- bis dreimal im Monat zu Befragungen herangezogen wird. Die über dem Durchschnitt liegenden Fähigkeiten zur Beurteilung von Duftstoffen mußten in strengen Eignungsprüfungen nachgewiesen werden. Mit der Auswahl dieser "kompetenten Verbraucher" wird sowohl der Komplexität der Anforderungen einer Duftbewertung als auch der größeren Marktnähe der Panelmitglieder Rechnung getragen. Ein Panel aus ausgewählten Verbrauchern kann in höherem Maße marktnahe Entscheidungen garantieren als ein reines Expertenpanel[88].

Die Aufgaben des OEB umfassen einerseits die gleichen wie die des FM, also die rein deskriptive Erfassung von Duftdimensionen und die Reduktion möglicher Al-

---

[87] "OEB (Odor Evaluation Board) Deutschland" ist ein Instrument des Analysis Institut für Marktforschung GmbH in Frankfurt.

[88] Zu den Vor- und Nachteilen externer und interner Panels vgl. Bauer, E.; Produkttests; S. 225 ff.

ternativen auf das "relevant attribute set" als wichtige Informationsbasis für die Marketingkonzeption. Auf der anderen Seite werden auch verbal erhobene quantitative Daten in unterschiedlich anspruchsvollen Evaluierungstests als Entscheidungsgrundlage für die weitergehende Auswahl von konzeptadäquaten Duftalternativen bzw. des optimalen Duftes herangezogen.

5.2.2. Vor- und Nachteile des OEB

Die Vorteile, die duftsensibilisierte Verbraucher als Mitglieder eines Panels in Verbindung mit einem für die qualitativ hochwertige Duftevaluierung notwendigen Duftstudio bieten, sind unbestritten. Sie lassen sich den drei Ebenen Ausdrucksfähigkeit, Abstraktionsfähigkeit und Gleichschaltung der Testbedingungen zuordnen.

Duftsensibilisierte, "kompetente" Verbraucher sind im Gegensatz zu durchschnittlich begabten Verbrauchern in der Lage, unterschiedliche Dufterlebnisse inhaltlich und in ihren Abstufungen verbal adäquat auszudrücken, assoziativ in Produktkauf- und Anwendungssituationen zu integrieren und damit Assoziationsfelder zu schaffen, die für eine qualitativ ausgerichtete Duftevaluierung von hoher Bedeutung sind. Damit sind Einschränkungen der limitierten menschlichen Verbalisierungsfähigkeit von Dufterlebnissen bei der Anwendung verbaler Meßmethoden in der Duftmarktforschung zu einem großen Teil umgangen.

Ein weiterer Vorteil leitet sich aus der Abstraktionsfähigkeit der duftsensibilisierten Panelmitglieder ab. Ihre Beschreibung eines Duftes ist nicht unbedingt nur auf die eigene Person bezogen, d.h. idiosynkratisch. Wenn eine Evaluierung unter Berücksichtigung bestimmter Vorgaben (z.B. in Form eines Produktbriefings) erfolgt, kann sie stellvertretend für andere Verbraucher vorgenommen werden. Sie wird damit typisch für die vorliegende Zielgruppe des Duftes.

Ein solches Briefing, das von den Panelmitgliedern verinnerlicht werden muß, um zu entsprechenden Ergebnissen zu gelangen, umfaßt die Beschreibung der aktuellen Marktsituation, in die die Produktinnovation oder -variation etabliert werden soll. Produktvorbilder in anderen Ländern, die Anregungen für das neue Konzept geben können, werden vorgestellt und die Anforderungen an das eigene Konzept hinsichtlich gewünschter Nutzen- und Imagetransfers bei bestimmten Zielgruppen festgelegt. Weitere Produktspezifikationen betreffen Farbe, Verpackung und Duft. Beim Duftbriefing können wesentliche Produkteigenschaften wie z.B. hervorragende Kundenakzeptanz und langanhaltende Wirkung gefordert werden, u.U. in Form einer Kopie eines erfolgreichen Parfums.

Dadurch, daß die körperliche Verfassung der "kompetenten" Verbraucher vor jeder Duftbewertung kontrolliert bzw. mit dem seelischen Zustand in Selbstkontrolle überprüft wird, werden Einschränkungen der individuellen Riechfähigkeit vermieden, die Konstanz der Testbedingungen durch die einwandfreie Funktion des Meßinstrumentes "Mensch" nicht berührt und die gewonnenen Ergebnisse nicht verfälscht. Die "Pflege" der Panelmitglieder spielt in diesem Zusammenhang eine wesentliche Rolle. Eine anspruchsvolle Tätigkeit wie die Duftevaluierung verlangt ständig eine intrinsische Motivierung, die die Panelmitglieder aus einem detaillierten Feedback zu ihren Beurteilungen und aus der Wichtigkeit und Tragweite der von ihnen gewonnenen Daten für das beauftragende Unternehmen ziehen.

Auch die Umweltbedingungen werden durch Gleichschaltung der äußeren und technischen Testbedingungen im Riechstudio kontrolliert.

Als nachteilig für die Qualität der Evaluierungsergebnisse des OEB könnte sich eine mögliche Entwicklung weg von einem kompetenten, aber verbrauchernahen Panel und hin zu einem reinen Expertenpanel erweisen. Die intensive und engagierte Tätigkeit in einem Duftpanel birgt die Gefahr der Einseitigkeit sensorischen Duftvermögens[89]. Damit ist sowohl die Tendenz zur Überbewertung des Faktors "Duft" in Beziehung zu anderen Produktkomponenten, als auch die Tendenz zur Auswahl von für die breite Masse der Konsumenten zu anspruchsvollen Duftthemen gemeint.

Allgemeiner Kritikpunkt an Panels ist, daß es mit der Zeit zur Bildung spezieller interner Standards kommen kann, die zu institutstypischen Evaluierungsergebnissen führen. Allerdings dürfte die Tendenz dazu im Fall des OEB nicht allzu ausgeprägt sein, da hier hauptsächlich relative Bewertungen mehrerer vorgegebener Duftalternativen im Vordergrund stehen, die von Projekt zu Projekt wechseln. Die sog. "Panelsterblichkeit"[90] als häufig angeführter Nachteil der Panelbefragung spielt im OEB keine Rolle.

Da (aus zeitlichen, ökonomischen und eventuell auch physiologischen Gründen) das OEB hauptsächlich aus weiblichen Mitgliedern besteht, sind - abgesehen von

---

[89] Vgl. Bauer, E.; Produkttests; S. 227.
[90] Vgl. Schäfer, E.; Knoblich, H.; Marktforschung; S. 279.

der Tatsache, daß es bei der Duftbeurteilung im OEB meist um Produkte geht, die von Frauen (auch für Männer) gekauft werden - Fälle denkbar, wo im Laufe von Duft- und Produkttests geschlechtsspezifische Unterschiede nivelliert werden.

5.2.3. Das Leistungsprogramm des OEB

Die quantitative und deskriptive Duftevaluierung wird in drei unterschiedlich dimensionierte Tests integriert, die den verschiedenen Ansprüchen der Auftraggeber angepaßt sind.

Der Intensivtest ist ein detaillierter und umfassender Dufttest, der methodisch der Vorauswahlphase zugeordnet ist; der Schnelltest seine zeitverkürzte und weniger umfangreiche Variante; der Produkttest ein Instrument der Endauswahl, das zwar schwerpunktmäßig auf Duftevaluierung ausgerichtet ist, jedoch auch weitere Komponenten der zu bewertenden Produktalternativen zur Auswahlentscheidung heranzieht.

Beim Intensivtest können pro Duftbriefing bis über zehn verschiedene Duftnoten evaluiert werden. Da aufgrund der besonderen Fähigkeiten der Panelmitglieder eine geschlossene Duftbeschreibung und -bewertung möglich ist, lassen sich äußerst sichere Empfehlungen hinsichtlich der Auswahl von geeigneten Duftalternativen treffen. Der Leistungskatalog der Intensivtests umfaßt im einzelnen: Spontaneindruck, Gefallen skaliert (6er Skala), offene Beschreibung (6er Skala), erwartete Produktleistung, erwartetes Markenniveau, Farbassoziationen, Duftbewertungsprofil bipolar, Präferenzrangreihe, Namensvergabe, Kaufbereitschaft.

Am Anfang der Duftevaluierung steht die offene Beschreibung des spontanen Eindrucks und die Skalierung des Gefallens. Damit werden in der wichtigen Phase des primären sensorischen Eindrucks grundlegende Aussagen über die Natur des Duftes und seine assoziativen Umfelder erhoben, die insbesondere Gestaltungshinweise für die Kommunikationspolitik des Produzenten beinhalten, aber auch ein Auffangfeld für stärker standardisierte, abstraktere Itembatterien darstellen, mit denen die Beurteilung fortgesetzt wird. Diese Itembatterien, die sich aus 10 bis 20 Items zusammensetzen, sind auf das zu testende Markenkonzept und seine spezifischen Dufteigenschaften ausgerichtet. Sie dienen seiner Duftbeurteilung und finden auf vorwiegend kognitiver Ebene statt.

Ebenfalls in Form einer geschlossenen Beschreibung, wenngleich noch stärker die Besonderheiten des Konzeptes berücksichtigend, werden Produktleistungen, Markenniveau und Farbassoziationen beurteilt. Die Detailarbeit der Duftevaluierung, die verstärkt auch die emotionale Seite des Dufterlebens tangiert, wird von den OEB-Mitgliedern mit dem Ausfüllen bipolarer Duftbewertungsprofile getätigt. Diese Daten profilieren den Eindruck der Duftalternativen, die zur Diskussion stehen, führen zu Präferenzurteilen und tragen wesentlich zur Empfehlung eines Duftes bei. Abgerundet wird der Beurteilungsvorgang durch Vorschläge zur Namensvergabe und Einschätzung der Kaufbereitschaft.

Duftbewertung im Intensivtest erfaßt konsumentenrelevante Duftdimensionen nicht nur zu einem Zeitpunkt, sondern in allen Entfaltungsstufen eines Duftes. Diese extensive Bewertungsfolge wird z.T. in Form von In-Home-Tests unter individuell unterschiedlichen Bedingungen der OEB-Mitglieder durchgeführt. Damit werden die Daten, die im Teststudio gewonnen wurden, um die Dimension "Praxisnähe" ergänzt.

Der Produkttest stellt das zweite große Evaluierungsprogramm des OEB dar und kann als Weiterführung des vor allem um die Duftalternativenvorauswahl bemühten Intensivtests gelten. Bei ihm geht es um die Evaluierung einer Vielzahl von Düften unter Gebrauchsbedingungen in unterschiedlichen Entfaltungsstufen und im Zusammenspiel mit weiteren Produktkomponenten, die die Wahrnehmung und Akzeptanz einer Duftnote beeinflussen. Die Durchführung eines Produkttests mit Hilfe des OEB bietet zwei Vorteile:

Im Gegensatz zu traditionellen Produkttests, wo wegen der Stichprobensplits eine Vielzahl von idiosynkratischen Daten mehrerer heterogener, nicht duftsensibilisierter Untergruppen zu Gesamtbewertungen aller Versuchspersonen für alle Duftalternativen zusammengefaßt wird, ist die Duftevaluierung im Produkttest mit OEB methodisch und inhaltlich exakter. Die Stichprobengröße ist im Vergleich zu den üblichen Produkttests zwar geringer, dafür findet eine qualitativ hochwertige Beurteilung zwischen allen zur Diskussion stehenden Düften statt. Informationsverluste oder -verzerrungen werden damit verringert. Der zweite Vorteil der von "kompetenten Verbrauchern" durchgeführten Produkttests ist der, daß aufgrund ihrer besonderen Fähigkeiten in der Duftevaluierung Düfte unterschiedlicher Entfaltungsstufen in verschiedenen Produktumfeldern und Markenniveaus konsistent beurteilt werden können. Damit werden Irradiationseffekte zwischen Produkteigenschaften unterschiedlicher Wahrnehmungsebenen aufgedeckt, "information chunks" analysiert und Hinweise zur Schaffung echter Markenpersönlichkeiten im Sinne eines anzustrebenden ganzheitlichen Produkterlebnisses gegeben.

5.3. Die Magnitudeskalierung in Produkttests

5.3.1. Die Untersuchung von KROEBER-RIEL, MÖCKS und NEIBECKER

In den erwähnten Experimenten zur Duftaktivierung[91] ist das Instrument der Magnitudeskalierung in der Hoffnung eingesetzt worden, zur Messung der Erregungswirkungen von Duft validere Ergebnisse beizusteuern, als dies bei verbaler Messung der Fall ist. Diese Vermutung stützt sich auf die Eigenschaft der Magnitudeskalierung, mit nonverbalen, d.h. mit kognitiv gering gesteuerten Größen messen zu können.

Subjektiv empfundene Dimensionen der Waschmitteldüfte (Intensität, Helligkeit und Komplexität) sollten von den Versuchspersonen (120 Hausfrauen) anhand dreier Modalitäten bewertet werden. Zur Anwendung kam ein methodisch vereinfachter intermodaler Vergleich. Die drei Modalitäten wurden in nur wenigen (drei) Abstufungen vorgegeben. Es liegen keine Angaben vor, ob es sich um eine "freie" Magnitudeskalierung handelte. Aufgrund der begrenzten Anzahl vorgegebener Abstufungen pro Modalität ist dies allerdings nicht zu erwarten. Für jede Dimension wurde nach einem passenden Vergleichsreiz auf den drei Modalitäten gefragt. Da über die Auswahl der nonverbalen Modalitäten bei Experimenten mit Duftstoffen noch kaum Literatur vorliegt, handelte es sich um ein Pilotprojekt.

Die Dimension "Duftintensität" wurde mit Hilfe unterschiedlicher Tonstärken (Klavierton, unterschiedlich stark angeschlagen), graphischer Darstellung (verschieden große Rechtecke) und Farbabstufungen in Rottönen gemessen.

Reize der gleichen Wahrnehmungsebenen standen auch als Vergleichsinstrumente für die Dimension "Helligkeit" der Waschmitteldüfte zur Verfügung. Hier urteilten die Versuchspersonen anhand von Tonhöhen (Verwendung ein und desselben Tones in unterschiedlichen Oktaven), Lampen (in unterschiedlicher Helligkeit, gleiche Watt-Unterschiede) und Farben (Blauabstufungen).

---

[91] Vgl. Kroeber-Riel, W.; Möcks, R.; Neibecker, B.; Wirkung von Duftstoffen; S.1-45; vgl. auch Abschnitt III, 4.1.2.

Für die Dimension "Komplexität" wurden die Vergleichsreize Klangfülle (erzeugt durch kleine und große Akkorde), graphische Darstellung (abstrakte Linien) und Farbvielfalt (einfarbig bis bunte Farbtafeln) benutzt.

Bei der Durchführung der Befragung traten Probleme auf, die durch die Modalitätenvielfalt verursacht wurden[92]. Dies gilt in besonderem Maße für die aufeinanderfolgende Messung zweier Dimensionen mit Vergleichsreizen der gleichen Modalität, z.B. die Messung von Intensität und Helligkeit mit Hilfe von Farbabstufungen. Als Ergebnis dieses Versuches konnte festgehalten werden, daß zwischen den Daten der Magnitudeskalierung und den EDR-Meßwerten keine signifikanten Zusammenhänge bestanden. Als Instrument der Aktivierungsmessung ist Magnitudeskalierung der EDR-Messung unterlegen und kommt für diese spezielle Problemstellung nicht in Frage. Dieses Ergebnis ließ sich schon vorher erwarten, da der Vergleichsvorgang mit nonverbalen Reizen zwar kognitiv relativ unkontrolliert, jedoch nicht unbewußt ausgeführt wird, und deshalb die Äußerung einer nonverbalen Größe nicht unbedingt einen Indikator innerer Erregung darstellt.

Die Untersuchung legt nahe, daß bei einer sorgfältigen Auswahl intermodaler Vergleichsreize und bei ihrem abgestimmten Einsatz in der Befragung zwar keine unbewußten Aktivierungsprozesse gemessen werden können, jedoch mit der Magnitudeskalierung aufgrund ihrer großen Nähe zu den psychophysikalischen Transformationen grundsätzlich eine der individualisiert-emotionalen Duftwahrnehmung adäquate Beurteilungsform vorliegt.

5.3.2. Die Untersuchung von MOSKOWITZ und JACOBS

Eine kontrastierende Untersuchung von MOSKOWITZ und JACOBS[93] unterstreicht diese Erkenntnis für den Einsatz der Magnitudeskalierung bei der Analyse von Duftpräferenzen. Sie ordnet Geschmacksreizen (verschiedene Magenbitter) Größen verbal-numerischer Modalität zu und ist ein typisches Beispiel für eine "freie" Magnitudeskalierung.

Die magnitudeskalierte Messung wird in der Untersuchung überdies in ein computergestütztes Optimierungsprogramm für Produktgestaltung integriert, das die

---

[92] Vgl. Möcks, R.; Wirkung von Duftstoffen; S. 28.

[93] Vgl. Moskowitz, H. R.; Jacobs, B.; Use of Microcomputers for Product Optimization; in: Warren, C. B.; Walradt, J. P. (Hrsg.); Computers in Flavor and Fragrance Research; Washington 1984, S. 51-63.

intermodal erhobenen Daten sofort auswertet, wahrgenommene Ausprägungen von Produkteigenschaften nach ihrer relativen Wichtigkeit für die Versuchspersonen ordnet und sie im Bereich vorgegebener Limits zu einem optimierten Produkt zusammenfügt.

In einem die alkoholische Natur der Produkte berücksichtigenden Testdesign verglich ein Panel (26 Konsumenten, die mit der Produktart vertraut waren) die Geschmacksreize von 15 Magenbittern hinsichtlich 9 Dimensionen mit Hilfe einer vorcodierten Antwortkarte ("pre-coded mark-sense card")[94]. Diese Antwortkarte nahm die "scores" der Versuchspersonen auf und konnte direkt in den Computer eingegeben werden.

Um die "freie" Magnitudeskalierung zu ermöglichen, konnte jede Versuchsperson einen Reiz mit einer maximal dreistelligen Zahl bewerten[95]. Auf der vorcodierten Karte wurde nun von jeder Versuchsperson vor dem Bewertungsvorgang der größte von ihr zu benutzende Wert ihrer eigenen Skala festgelegt ("top-of-thescale" rating)[96]. Zur Bewertung wurde eine numerische (auch negative) Größe gewählt und gekennzeichnet. Die eingelesenen Daten jeder Versuchsperson wurden durch die größte individuelle Bewertung dividiert und mit 100 multipliziert, um Brüche zu verhindern. Damit waren alle Daten normiert.

Die Autoren bemerken, daß die "freie" Magnitudeskalierung ein äußerst verbreitetes Instrument der Befragung ist, das dem einzelnen individuelle Bewertungsfreiräume läßt und die nachteiligen Effekte eines engen vorgegebenen Antwortspektrums vermeidet.

Betrachtet man Vor- und Nachteile beider Studien, so läßt sich zusammenfassend als Ausgangspunkt weiterer Forschung auf diesem Gebiet feststellen, daß als Zielvorgabe für eine adäquate Messung von Präferenzdaten bei Düften eine magnitudeskalierte Befragung gesehen werden kann, bei der die Versuchspersonen das Bewertungskontinuum nonverbaler, d.h. nichtnumerischer Größen selbständig festlegen und mit diesen Modalitäten vorgegebene Duftreize bewerten.

---

[94] Vgl. Moskowitz, H. R.; Jacobs, B.; Product Optimization; S. 55.

[95] Aus der Praxis war bekannt, daß Versuchspersonen in ihren Beurteilungen nie über die Zahl 999 hinausgehen.

[96] Vgl. Moskowitz, H. R.; Jacobs, B.; Product Optimization; S. 55.

IV. Absatzpolitische Aspekte beim Einsatz von Duftstoffen

1. Rahmenbedingungen für den Einsatz von Duftstoffen

Die Auswahl der Produktparfümierung wird durch mehrere interdependente Faktoren beeinflußt. Der Duft muß mit dem Namen, der Verpackung, der Farbe und der vom Konsumenten des Produkts erwarteten Wirkung eine harmonische Einheit bilden. Hinzu kommen die Kosten für die Parfümierung und die Anforderungen, die die Produktzusammensetzung und der Verbraucher an den Duft stellen. Der Duft darf sich während der Ge- bzw. Verbrauchszeit nicht merklich ändern und keinerlei Veränderungen des Trägermediums hervorrufen. Solche Veränderungen können u.a. den Geruch des Produkts, die Farbe, das Aussehen oder die Konsistenz betreffen[1].

Unverträglichkeitsreaktionen auf Parfümbestandteile in Form von Allergien oder Hautreizungen sind zu berücksichtigen, denn der Hersteller des Endprodukts muß für nachgewiesene Schädigungen des Konsumenten haften (§ 823 BGB)[2]. Die Verwendung verbrauchergefährdender Roh- und Zusatzstoffe wird für Kosmetika in der Verordnung über kosmetische Mittel (Kosmetik-Verordnung) vom 16.12.1977 geregelt[3]. Außerdem regelt die Kosmetik-Verordnung neben der Verwendung von Farbstoffen (§ 3) die Angaben zum Schutz der Gesundheit (§ 4) und die Kennzeichnungspflichten (§ 5). Risikopotentiale, die vom Gesetzgeber noch nicht erfaßt wurden, sollen durch das "Research Institute for Fragrance Materials" (RIFM) vermindert bzw. ausgeschaltet werden[4]. Das RIFM testet Rohstoffe, die von der Riechstoffindustrie verwendet werden, auf ihre Risiken. Dabei werden

---

[1] Vgl. Harder, U.; Parfümerie; S. 26. Vgl. ferner Baller, D.; Hier werden Parfümöle "haargenau" getestet; in : Haarmann & Reimer GmbH, Holzminden (Hrsg.); H & R Contact 27, o.J., S. 24.

[2] Vgl. auch Günther, W.-D.; Produzentenhaftung; in: Verbraucherschutz; HdVR 7 vom 21.07.1980; Urteil BGH vom 26.11.1968 - VIZR 212/66, abgedruckt in: NJW, 1969, S. 269-276; Urteil BGH vom 11.07.1972 - VIZR 194/70, abgedruckt in: NJW, 1972, S. 2217-2221.

[3] Wortlaut siehe Tabelle 7 im Anhang.

[4] Vgl. Pilz, W.; Grundlagen der internationalen Selbstregulierung in der Riechstoffindustrie; in: Haarmann & Reimer GmbH (Hrsg.); H & R Contact 29, o.J., S. 14.

die orale und dermale Toxizität bestimmt und die Allergenität sowie ggf. Fototoxizität ausgetestet[5].

Die "International Fragrance Association" (IFRA), der internationale Verband der Riechstoffindustrie, erarbeitet unter Berücksichtigung der Ergebnisse des RIFM die Industrie-Richtlinien für den Gebrauch von Riechstoffmaterialien. Die Richtlinien sollen alle Materialien, die ein "tatsächliches" Risiko enthalten, eliminieren oder in geeigneter Form einschränken[6].

Die Kosten für Rohstoffe und fertige Produktparfümierungen, der Verwendungszweck der Parfümierung und die auf dem Markt nachgefragten Rohstoffmengen determinieren ebenfalls die Rohstoffwahl, sowie die Entscheidung, ob natürliche oder synthetische Rohstoffe verarbeitet werden[7].

1.1. Naturwissenschaftlich-technische Aspekte bei der Auswahl von Parfümierungen

Bei der Auswahl von Duftstoffen sind physikalische Wechselwirkungen, chemische Veränderungen und physiologische Reaktionen zu berücksichtigen.

Physikalische Probleme der Produktbeduftung sind auf die Duftflüchtigkeit und die ungenügende Löslichkeit der Stoffe sowie die sich daraus ergebenden Folgen zurückzuführen.

Die Verflüchtigung der Duftstoffe, d.h. der Übergang der Moleküle vom festen zum gasförmigen Zustand, ermöglicht die geruchliche Wahrnehmung. Problematisch wird die Duftflüchtigkeit, wenn sich der Duft während der Lagerung bei Hersteller, Handel oder Konsument aufgrund einer unzureichenden Verpackung, z.B. Pa-

---

[5] Vgl. Pilz, W.; Selbstregulierung; S. 15.

[6] Vgl. ebenda, S. 19.

[7] Für die Gewinnung von 1 kg Jasminextrakt werden 8 Millionen handgepflückte Blüten benötigt. Der Kilopreis kann, abhängig von der Qualität, bis zu DM 15.000,-- betragen. Das synthetisch hergestellte Äquivalent kostet etwa DM 10,--. Für die Verwendung des synthetischen Riechstoffs spricht auch, daß der weltweite Verbrauch von 3.000 Tonnen im Jahr nicht von der Natur geliefert werden könnte (vgl. Harder, U.; Parfümerie; S. 17).

pier oder Pappe, verflüchtigt, oder das Produkt (z.B. eine parfümierte Kerze) den Duft bereits vor dem Gebrauch abgibt[8].

Die Duftflüchtigkeit, die Löslichkeit und Haltbarkeit des Produktes sowie chemische Reaktionen werden in Beschleunigungsverfahren, auch Zeitraffertests genannt, überprüft. Während der Testzeit z.B. von drei Monaten werden die Produkte bei erhöhten, teilweise bei verringerten Temperaturen gelagert. Um den Einfluß der Parfümierung beurteilen zu können, werden die Produkte mit und ohne Parfümierung getestet. Die Luftzirkulation im Testraum kann der natürlichen entsprechen oder forciert sein. Auch mit Vakuumkammern und variierenden Lichtintensitäten wird gearbeitet[9].

Das vorzeitige Verflüchtigen des Duftes kann durch eine bessere Verpackung unterbunden werden. Verflüchtigt sich das Parfüm unabhängig von der Verpackung zu schnell, so können Fixatoren beigegeben werden, die die Verflüchtigungsgeschwindigkeit der Duftstoffmoleküle herabsetzen und die Parfümdüfte haltbarer machen. Es ist auch möglich, schwere Bestandteile hinzuzufügen. Sie verflüchtigen sich langsamer, haben aber oft auch einen schwereren Duftcharakter und weniger Frische[10].

Ungenügende Löslichkeit der Parfümierung kann Trübungen, Ausfällungen und Duftveränderungen bewirken. Die Ursachen sind entweder physikalischen Ursprungs oder physikalisch-chemische Reaktionen. Trübungen sind physikalische Reaktionen, bei denen die Parfümierung die Löslichkeitsverhältnisse zwischen den anderen Produktkomponenten verändert. Ausfällungen sind Unverträglichkeiten zwischen Parfüm und Produkt, die durch niedrige Temperaturen beschleunigt werden[11].

Diese Probleme lassen sich teilweise durch veränderte Produktzusammensetzung, Herstellungstechnik oder Reihenfolge beim Zusammensetzen der einzelnen Bestandteile lösen. Auch Lösungsmittel können Abhilfe schaffen. Sie bewirken eine bessere Verteilung des Parfüms im Produkt, indem sie es in sehr kleine Tröpfchen aufspalten. Außerdem kann die Entwicklung eines gut löslichen Parfüms

---

[8] Vgl. Jellinek, S.; Parfümieren; S. 95.

[9] Vgl. Gespräch mit G. Dähn, Haarmann & Reimer GmbH, Holzminden; 03.03.1987.

[10] Vgl. Jellinek, S.; Parfümieren; S. 98.

[11] Vgl. ebenda.

angestrebt werden. Hohe Anforderungen an die Löslichkeit können jedoch die erzielbare Geruchsstärke eingrenzen und Kostensteigerungen verursachen[12].

Die meisten Riechstoffe unterliegen keinen chemischen Veränderungen, verursachen keine Stabilitätsprobleme. Ausnahmen bilden Produkte mit Oxydationsmitteln, starken Säuren oder Basen, Eiweißkörpern oder Polypeptiden und Formaldehyd[13].

Die Veränderungen lassen sich durch Riechen feststellen. Sie sind i.d.R. qualitativer Art, betreffen aber auch die Geruchsstärke. Da die Veränderungen langsam vonstatten gehen, empfehlen sich Zeitraffertests (s.o.) zur Überprüfung.

Chemische Verbindungen mit Luft innerhalb der Verpackung können bei fast leeren oder sauerstoffdurchlässigen Verpackungen stattfinden, wenn das Parfüm spezielle Aldehyde oder ungesättigte Kohlenwasserstoffe enthält[14]. Auch Spuren von Schwermetallen im Produkt, oder Verpackungen, die ultraviolettes Licht an das Produkt lassen, können Veränderungen auslösen, die durch hohe Temperaturen beschleunigt werden. Die Hauptsymptome für diese chemischen Reaktionen sind Geruchsveränderungen (Charakter, Intensität) und Farbveränderungen[15]. Diese Probleme können durch licht- und luftundurchlässige Verpackungen und das Vermeiden oxydationsanfälliger Produktbestandteile ausgeschaltet werden.

Auch Reaktionen oder Zersetzungen des Parfüms bzw. seiner Bestandteile durch andere Komponenten des Produktes oder mit dem umschließenden Behälter sind möglich.

Physiologische Reaktionen spielen primär in den Bereichen Kosmetika und Haushaltsprodukte eine Rolle. Hier sind besonders intensive Kontakte zwischen Produkt und Verbraucher möglich. Hautirritationen und Allergien werden oft auf die Parfümierung des verwendeten Produkts zurückgeführt[16]. Die Assoziation, daß die Parfümierung Hautreaktionen und Allergien auslösen kann, wird gelegentlich

---

[12] Vgl. Jellinek, S.; Parfümieren; S. 100.
[13] Vgl. ebenda, S. 101.
[14] Vgl. ebenda, S. 102.
[15] Vgl. ebenda, S. 103.
[16] Vgl. ebenda, S. 105.

durch Werbung gefördert, in der die Eigenschaften parfümfrei und allergiegetestet kombiniert herausgestellt werden[17].

Der Anteil parfümbedingter Beschwerden liegt im Kosmetikbereich bei ca. 5 %[18]. Trotz dieses geringen Prozentanteils ist heute ein Trend zu unparfümierten Pflegeprodukten zu verzeichnen.

Physiologische Reaktionen sind aber nie gänzlich auszuschließen, da die Palette der allergenen Stoffe nahezu unendlich groß ist und die Empfindlichkeit individuell sehr unterschiedlich ist. Jeder Stoff kann bei irgendjemandem zu allergischen Reaktionen führen.

1.2. Soziokulturelle Einflußgrößen

Soziokulturelle (und psychologische) Einflußgrößen auf Duftpräferenzen und -wahl sind in erster Linie für Duftwässer und Kosmetika erforscht worden. Die Beobachtungen in diesem Bereich bilden die Basis für die nachfolgenden Ausführungen.

Zu den soziokulturellen Faktoren zählen Alter und Geschlecht der Einwohner, Klima und "natürliche Düfte" des Landes, der Kulturkreis sowie Marketing-Strategien der Hersteller. Grundsätzlich läßt sich sagen, daß natürliche Düfte, die in der Natur des jeweiligen Landes "dominieren", von den dort lebenden Menschen im allgemeinen als positiv und angenehm empfunden werden. In Frankreich und Spanien z.B. handelt es sich dabei um würzige Noten wie Rosmarin, Lavendel, Jasmin und Piniengeruch; in Großbritannien sind es Sandelholznoten (aus der früheren Kronkolonie Indien), in Brasilien im besonderen Lavendelnoten, in Asien Patchoulie[19].

Das Klima beeinflußt mehrere Faktoren: die Natur, die Ernährungsgewohnheiten der Bevölkerung und auch die Verflüchtigungsgeschwindigkeit eines Parfüms. Infolgedessen werden in wärmeren Ländern meist besonders langhaftende Parfüms

---

[17] Vgl. Gespräch mit G. Dähn; 03.03.1987.
[18] Vgl. Pilz, W.; Selbstregulierung; S. 14.
[19] Vgl. Gespräch mit E. Busse; 25.07.1986.

mit sehr betonten Fondnoten[20] bevorzugt, denn leichtflüchtige Parfüms verfliegen bei hohen Temperaturen in Kombination mit hoher Luftfeuchtigkeit sehr schnell. Die Beobachtung von Ernährungsgewohnheiten ergab, daß in Ländern, in denen vorwiegend Fisch gegessen wird, leichtere, blumige Duftnoten bevorzugt werden, "Fleischesser" geben schwereren, süßen Noten den Vorrang[21].

Der Einfluß des Kulturkreises wird in Japan besonders deutlich. Dort werden sanfte, dezente Parfüms bevorzugt. Die japanischen Verbraucherinnen benutzen ausländische Parfüms lieber, wenn diese in ihrem Duftcharakter harmonischer und dezenter gemacht werden und sich dem japanischen Menschenbild bzw. Frauenideal angleichen[22]. So findet das Parfüm "Miss Dior" bei japanischen Frauen wenig Zustimmung. Es ist ein relativ maskuliner Damenduft, der gerne von emanzipierten Frauen benutzt wird.

Internationale Marketing-Strategien heben nationale Duftpräferenzen auf dem Duftwässermarkt teilweise auf. Sie lassen einzelne Markenextraits weltweit in identischer Zusammensetzung zu Markterfolgen werden[23]. Diese Extraits haben das Image des besonderen, exklusiven Luxusartikels, der nicht zuletzt auch aus Prestigegründen erworben wird. Insgesamt gesehen gibt es aber keine international gültigen Duftpräferenzen.

2. Zielsetzung beim Einsatz von Duftstoffen

Die Vorstellungen der Konsumenten über die im Markt angebotenen Güter (Produkte) beeinflussen das Kaufverhalten. Je höher die Produktqualität und der Nutzen, den ein Produkt stiften kann, eingeschätzt werden, desto größer ist die Kaufwahrscheinlichkeit[24]. Die Einschätzung (Vorstellung) erfolgt anhand von Kriterien, deren Subjektivität dem Konsumenten aber i.d.R. nicht bewußt wird.

---

[20] Der Duft eines Parfüms ist nicht statisch, er verändert sich ständig. Der Duftablauf wird formal in Kopfnote, Bouquet (Herznote) und Fond (Basisnote) eingeteilt. Die Noten bezeichnen Parfümteile mit gleicher Flüchtigkeit.

[21] Vgl. Harder, U.; Parfümerie; S. 32.

[22] Vgl. Müller, J.; H & R – Buch Parfüm; S. 147.

[23] Vgl. Gespräch mit E. Busse; 25.07.1986.

[24] Vgl. Nieschlag, R.; Dichtl, E.; Hörschgen, H.; Marketing; 14., völlig neubearb. Aufl., Berlin 1985, S. 147.

Maßgebend für die Hinwendung zum Produkt ist die Einstellung, d.h. die innere Bereitschaft eines Individuums, auf bestimmte Stimuli konsistent positiv oder negativ zu reagieren[25]. Einstellungen werden vor allem auf gesättigten Märkten durch Emotionen geprägt, denn bei ausgereiften Konsumgütern finden die Konsumenten kaum noch Qualitätsunterschiede zwischen den führenden Marken[26]. Der emotionale Erlebniswert wird zum Mittelpunkt der Produktwahrnehmung und des Produkterlebnisses; das Produkt vermittelt dem Konsumenten emotionale und sinnlich wahrnehmbare Anregungen[27].

Die Parfümierung, die primär emotional erlebt wird, soll das Produkt in den Augen der potentiellen Konsumenten attraktiver erscheinen lassen. Sie soll das Aktivierungspotential des Produktes erhöhen und bestehende oder latente Bedürfnisse ansprechen. Diese latente Beeinflussungskraft des Duftes verliert aber an Bedeutung, wenn der Geruch für sich stehend deutlich hervortritt und nicht mehr als organischer Bestandteil des Produktes empfunden wird[28]. In einem solchen Fall (der in Abschnitt 2.5. betrachtet werden soll) wird der Duft bewußt in die Beurteilung des Produkts einbezogen.

Die Stimmungen und Gefühle, die ein Produkt auslöst, können auch auf die kognitive Phase der Produktbeurteilung einwirken und als "objektive" Produktinformationen interpretiert werden.

Der Geruch eines Produktes kann aber auch als Qualitätsindikator interpretiert werden, ohne daß diese Beurteilung bewußt auf die Produktparfümierung zurückgeführt wird. Diese anfangs nicht-verbalen, emotional gesteuerten Prozesse können zur Entstehung, Verarbeitung und Speicherung von inneren Bildern, sog. Gedächtnisbildern, führen, die wiederum auf die Einstellungen und Präferenzen gegenüber den Produkten einwirken[29]. Die Gedächtnisbilder können jederzeit durch eine Vielzahl von Reizen, u.a. durch Gerüche, ausgelöst werden, die den Konsumenten aktivieren und in seinen Entscheidungen beeinflussen.

---

[25] Vgl. Meffert, H.; Marketing; S. 151.
[26] Vgl. Kroeber-Riel, W.; Emotionale Werbung auf gesättigten Märkten; in: werben & verkaufen, Nr. 50, 11.12.1981, S. 12.
[27] Vgl. ebenda.
[28] Vgl. Jellinek, S.; Parfümieren; S. 21.
[29] Vgl. Kroeber-Riel, W.; Die inneren Bilder der Konsumenten; in: Marketing ZFP, Heft 2/1986, S. 84.

2.1. Maskierung unerwünschter Produkteigengerüche

Die Maskierung unerwünschter Produkteigengerüche ist ein Problembereich der Produktrealisierung, der i.d.R. nicht ins "Blickfeld" des Konsumenten gerät. Die Notwendigkeit einer Maskierung kann mit jedem neuen Produkt, jeder veränderten Produktzusammensetzung oder dem Einsatz anderer Rohstoffqualitäten entstehen. Die Maskierung soll Gerüche, die als unangenehm empfunden werden oder negative Assoziationen hervorrufen, neutralisieren bzw. in angenehme Düfte umwandeln. Maskierungen sollten aber als letzte Möglichkeit angesehen werden, unerwünschte Gerüche zu beseitigen. Erst ist zu versuchen, die anstoßgebenden Produktbestandteile durch geruchsneutrale zu ersetzen. Die Verwendung hochgereinigter Grundstoffe oder das Einschalten einer zusätzlichen Verarbeitungsstufe können eine Maskierung ebenfalls unnötig werden lassen[30].

Der Beginn der modernen Parfümerie wird auf die Zeit Ludwig XIV. im 17. Jahrhundert datiert. In Versailles wurden zu jener Zeit große Mengen Parfüm für die Maskierung von Körpergerüchen verbraucht, denn Wasser und Seife wurden in der Körperpflege äußerst selten verwendet. Auch die Sauberkeit des Schlosses ließ nach heutigen Maßstäben sehr zu wünschen übrig[31]. Statt dessen wurden u.a. Körper, Kleidung und Gebrauchsgegenstände mit der Absicht parfümiert, den Gestank der mangelnden Hygiene zu überdecken[32]. Diese Form der Maskierung hat den Nachteil, daß der Deckgeruch teilweise sehr stark sein muß und infolge der Geruchsintensität lediglich ein Übel an die Stelle des anderen tritt.

Für die Nase angenehmer ist die Neutralisierung unerwünschter Gerüche. Sie werden durch entgegenwirkende Duftgrundstoffe ausgeschaltet, so daß das maskierte Objekt nahezu geruchlos wird. Nur begrenzt durchführbar ist die Maskierung durch Erhöhung der Wahrnehmungsschwelle. Das geschieht, indem Formaldehyd oder Acetaldehyd hinzugegeben wird, wodurch der Geruchssinn abstumpft. Beide Stoffe können aber auch chemische oder physiologische Reaktionen hervorrufen. Menthol, das ähnlich wie die oben genannten Stoffe wirkt, ist nicht geruchsneutral[33].

---

[30] Vgl. Jellinek, S.; Parfümieren; S. 177.

[31] Vgl. Mundorf, H.; Die gute alte Zeit: Sie muß viel schlimmer gestunken haben als die Moderne; in: Handelsblatt, Nr. 205, 24./25.10.1986, S. S2.

[32] Vgl. Schulz, B.; Duftkompositionen; in: FAZ, Nr. 262; 11.11.1986, S. 8B.

[33] Vgl. Jellinek, S.; Parfümieren; S. 178.

Bei der "richtigen Maskierung" (JELLINEK) wird die unerwünschte Geruchsnote nicht völlig überdeckt, sondern so mit anderen Düften umgeben, daß sie nicht mehr erkennbar ist. Das Ergebnis einer gelungenen Maskierung ist ein neuer Duftkomplex, der keine negativen Assoziationen hervorruft. Die menschliche Eigenart, auf unangenehme Gerüche stärker zu reagieren als auf angenehme, ist ein Tatbestand, der für diese Vorgehensweise spricht. Allerdings ist für jeden unerwünschten Geruch ein spezieller Maskierungskomplex notwendig.

2.2. Signalisierung von produktimmanenten Eigenschaften oder Wirkungen

Die Parfümierung als integrierter Produktbestandteil wird vom Konsumenten nur selten bewußt wahrgenommen und zur Produktbeurteilung herangezogen. Bei Befragungen wird die Bedeutung des Duftes für die Produktwahl als eher gering angegeben, auch wenn bei der Beurteilung am Produkt gerochen wurde[34].

Der Duft beeinflußt die Produktwahl, indem er vom Konsumenten unbewußt als Indikator für schwer verifizierbare Produkteigenschaften, wie Qualität einer Hautcreme, Milde eines Babyshampoos oder Wirksamkeit eines Desinfektionsmittels, herangezogen wird. Der Duft signalisiert dem Konsumenten die erwarteten, aber nur schwer überprüfbaren Produkteigenschaften, indem er Gefühle und Assoziationen hervorruft, die mit dem Produkt und seinen Wirkungen in Verbindung gebracht werden können bzw. erfahrungsgemäß mit dem Produkt in Verbindung gebracht werden.

Ein Klebstoff, der nicht wie Klebstoff, sondern nach Blumen oder Caramelbonbons riecht, wird mit Sicherheit wegen mangelnder Klebfähigkeit abgelehnt, auch wenn nur der Geruch des Produkts geändert wurde. Ein Haushaltsreiniger, der nicht nach Zitrone oder ähnlich frischen Noten, sondern z.B. nach Zwiebeln riecht, wird es ebenfalls sehr schwer haben, den Konsumenten von seiner unveränderten Reinigungskraft zu überzeugen[35]. Sein Geruch entspricht nicht den Erfahrungen und Erwartungen der Verbraucher. Er signalisiert dem Verwender nicht die gewohnten und gewünschten Produkteigenschaften.

---

[34] Vgl. Jellinek, S.; Parfümieren; S. 16. – Im Rahmen der im V. Kapitel dargestellten Pilotstudie ergaben sich allerdings unterschiedliche Befunde bzgl. der Bedeutung von Duftkomponenten, je nachdem, ob sie direkt (verbal) oder indirekt erhoben wurden.

[35] Vgl. Gibbons, B.; Smell; S. 360.

2.3. Simulierung von produktimmanenten Eigenschaften oder Wirkungen

Das Simulieren nicht vorhandener Produkteigenschaften oder -wirkungen mit Hilfe von Duftstoffen kann sowohl positiv als auch negativ beurteilt werden. Entscheidend für die Beurteilung sind die mit der Simulierung verfolgten Ziele der Hersteller und der Nutzen bzw. Schaden, den der Konsument durch die Simulierung erfährt.

Einem Gebrauchtwagen den Geruch eines Neuwagens zu geben, kann als "Aufwertung" des Autos aufgefaßt werden. Sie kann zur Erzielung eines höheren Preises erfolgen, indem dem Käufer suggeriert wird, daß der Wagen kaum genutzt und gut gepflegt wurde. Es ist aber auch möglich, den Wagen eines starken Rauchers, der sehr intensiv nach Zigarettenrauch riecht, für einen interessierten Nichtraucher olfaktorisch attraktiv zu machen.

Weitere Beispiele für Simulierungen sind die Beduftung von Kunststoffen mit Ledergeruch oder Raumsprays mit Fliederduft, der bei geschlossenen Augen suggeriert, sich in einem Blumengarten zu befinden.

2.4. Duft als dominanter Bestandteil im Produktkonzept

Der Duft als dominanter Produktbestandteil bietet dem Konsumenten den kaufentscheidenden Produktnutzen. Das Produkt liefert zwar Problemlösungen wie Reinigung, Pflege oder Frische, diese treten aber im Gesamtkonzept hinter den Duft zurück[36].

Der Konsument wählt z.B. Duftseifen, Parfüm-Deos oder Rasierwässer entsprechend seinen Duftpräferenzen aus. Er erwartet von der Parfümierung, daß sie seine Stimmungen oder seine Persönlichkeit unterstreicht; er erwartet nicht, daß sie ihm Informationen über das Produkt und seine Qualitäten vermittelt. Er setzt voraus, daß das gewählte Produkt seine "eigentlichen" Aufgaben zufriedenstellend erfüllt.

---

[36] Vgl. Busse, E.; Die Rolle des Parfümöls im Produktkonzept; 1. Holzmindener Duftseminar, 29./30. April 1982, Haarmann & Reimer GmbH, Holzminden, S. 2.

Die Produkte dieser Kategorie lehnen sich parfümistisch immer mehr an erfolgreiche Extraits an oder sie sind Bestandteil von Duftserien, d.h. von Produktserien, die mit gleich riechenden Parfümierungen ausgestattet sind.

2.5. Duft als Produktkonzept

Duft als Produktkonzept besagt, daß der Konsument im Duft nicht eine von mehreren Produkteigenschaften sieht. Er ist einzig und allein am Duft in Form von Produkten der Feinparfümerie interessiert. Gegenwärtig werden über 500 Düfte für Damen und Herren angeboten und die Zahl hat, speziell im Bereich der Herrendüfte, steigende Tendenz[37].

Die Parfümverwender wollen durch den Duft Gepflegtheit demonstrieren und mit der Wahl des Parfüms ihre ganz persönliche Note zum Ausdruck bringen, ihre Persönlichkeit unterstreichen. Auch der Wunsch, sich etwas Luxus zu gönnen oder einen besonderen Anlaß olfaktorisch herauszuheben, sind Gründe für die Parfümverwendung.

Die Wahl des Parfüms hängt aber nicht nur vom Duft ab, sondern mit Sicherheit auch u.a. vom Namen des Parfüms und des Herstellers, der Gestaltung der Werbung, dem Flakon und der Präsentation am "Point of Purchase". Diese Faktoren geben dem Duft sein besonderes Flair und vermitteln die besonderen Eigenschaften und Bedürfnisbefriedigungsmöglichkeiten des jeweiligen Parfüms.

Raumdüfte fallen ebenfalls in diese Kategorie. Sie werden nach ähnlichen Kriterien wie Parfüms ausgewählt und ihr Anteil am Feinparfümeriemarkt wird in Japan auf etwa 25 % geschätzt. Ziel der Raumbeduftung ist nicht die Maskierung unerwünschter Gerüche, wie z.B. mit einem WC-Frischduftspender, sondern das Unterstreichen der Raumatmosphäre und der "Persönlichkeit" eines Raumes[38].

Die steigende Tendenz des Dufteinsatzes im allgemeinen und der Parfümverwendung im besonderen ist sicher auf mehr als ein oder zwei Gründe zurückzuführen. Ganz pauschal läßt sich sagen, daß die Hinwendung zum emotionalen und

---

[37] Vgl. o.V.; Parfüm Brevier; in: Parfümerie aktuell; Nr. 5, Sept./Okt. 1986, S. 3 und S. 72-102 und o.V.; H & R Duftatlas Herrennoten; Hamburg 1985.

[38] Vgl. Gespräch mit E. Busse; 25.07.1987.

multisensualen Produkterlebnis[39] zu einer größeren Offenheit gegenüber Düften geführt hat und ein vermehrter Dufteinsatz gelernt wurde.

3. Besondere Entscheidungsprobleme beim Einsatz von Duftstoffen in der Produktgestaltung

3.1. Wahl der Zielgruppe als Marketingstrategie und Auswirkungen auf die Produktgestaltung

Eine Unternehmung, die mit ihren Produkten am Markt erfolgreich sein möchte, muß versuchen, eine möglichst hohe Übereinstimmung zwischen den von ihr angebotenen Leistungen und einem Marktsegment zu erreichen[40]. Marktsegmente sind Teile des Gesamtmarkts, die Verbraucher mit homogenen Bedürfnissen, Produktansprüchen oder Produkterwartungen zusammenfassen. Die Segmente sollen in sich weitgehend homogen, im Vergleich zu anderen Segmenten so heterogen wie möglich sein. Die Produkte sollten für die jeweiligen Segmente konzipiert werden, ebenso die Marketingstrategie und das Marketing-Mix[41].

Die Segmentierung kann nach geographischen, soziodemographischen und psychographischen Kriterien, anhand des beobachtbaren Kauf- oder Informationsverhaltens oder in Form einer Nutzen-Segmentation[42] erfolgen. Da sich die einzelnen Kriterien teilweise gegenseitig beeinflussen und nicht unabhängig voneinander zu sehen sind, werden sie meist in Kombination zur Segmentation herangezogen.

Geographische Kriterien sind z.B. die Größe von Städten, Bezirken oder Kreisen, die Bevölkerungsstruktur und -dichte dieser Gebiete, aber auch das Klima. Soziodemographische Kriterien sind z.B. Alter, Geschlecht, Haushaltseinkommen und -größe, soziale Stellung. Die soziale Stellung wirkt auch auf Kaufgewohnheiten, Informationsbereitschaft, Einstellung zu Spar- und Konsumgewohnheiten sowie

---

[39] Vgl. Kroeber-Riel, W.; Emotionale Werbung; S. 12.

[40] Vgl. Meffert, H.; Marketing; S. 243.

[41] Vgl. Becker, J.; Marketing-Konzeption; S. 74.

[42] Vgl. Haley, R.; Benefit Segmentation: A Decision-oriented Research Tool; in: Journal of Marketing, Vol. 32, July 1968, S.31.

den Lebensstil ein[43]. Hier treten die Überschneidungen mit den psychographischen Kriterien besonders deutlich hervor.

Psychographische Kriterien sind Einstellungen und Erwartungen gegenüber bestimmten Produkten oder Produktgruppen, Charaktereigenschaften oder Verhaltensmerkmale, die sich in Lebens- und Kaufgewohnheiten manifestieren[44].

Das Kriterium Kauf- und Informationsverhalten kann als Spezifizierung der psychographischen Kriterien angesehen werden. Die Konsumenten werden nach Produktkenntnissen, der Produktverwendung und ihren Reaktionen auf Produkte bzw. Produkteigenschaften unterschiedlichen Marktsegmenten zugeordnet[45].

Die Nutzen-Segmentation faßt diejenigen Konsumenten zu Segmenten zusammen, die gleichartige Produktnutzen (Benefits) erwarten. "The belief underlying this segmentation strategy is that the benefits which people are seeking in consuming a given product are the basic reasons for the existence of true market segments."[46]. Die Erfahrungen haben nach HALEY gezeigt, daß die Nutzenerwartungen das Konsumentenverhalten wesentlich stärker determinieren als die anderen Segmentierungskriterien. Für die Zusammensetzung eines Segments sind die gesuchten Nutzen in ihrer Gesamtheit ("total configuration") entscheidend, die Gründe für die gesuchten Nutzen innerhalb des Segments können differieren[47]. Der Konsument einer Feinseife, der primär "Pflege" erwartet, wird keine desodorierende Seife verwenden, auch wenn er nach anderen Segmentierungskriterien als Kunde eher dem Bereich der desodorierenden Seifen zugeordnet werden könnte.

Die Nutzen sind aber nicht als alleiniges Segmentierungskriterium anzusehen und anzuwenden. Sie sollten als zusätzliches Mittel für die erfolgreiche Bearbeitung bestehender Märkte aufgefaßt werden.

Eine Produktparfümierung muß unter Berücksichtigung der segmentspezifischen Faktoren erfolgen. Nur dann kann sie dem Konsumenten die gewünschten Informationen übermitteln und zur Imagebildung eines Produktes beitragen.

---

[43]   Vgl. Meffert, H.; Marketing; S. 245.
[44]   Vgl. ebenda, S. 249.
[45]   Vgl. Kotler, P.; Marketing-Management; S. 209.
[46]   Haley, R.; Benefit Segmentation; S. 31.
[47]   Vgl. Haley, R.; Benefit Segmentation; S. 32.

3.2. Erstellung des Parfümbriefings und Anforderung von Offerten

Ein Briefing skizziert Aufgabenstellungen und vermittelt Informationen über Daten, Termine, Etats oder Bewertungsmaßstäbe. Parfümofferten stellen Angebote von Riechstoffherstellern an ihre Kunden dar. Generell läßt sich sagen, daß ein Parfüm-Briefing erstellt werden sollte, sobald alle benötigten Daten feststehen, um die erforderlichen Produkt- und Konsumententests durchführen zu können. Je wichtiger die Parfümierung eines Produkts ist, desto früher sollte ihre Entwicklung in Auftrag gegeben werden[48].

Allgemein sollte ein Briefing folgende Punkte enthalten:

- Produktinformationen

- Wettbewerbersituation

- Käufer- bzw. Verbrauchercharakteristika

- übergeordnete Unternehmensziele

- Ziel in dem speziellen Fall

- Budgetrahmen

- Terminplan

- beteiligte Entscheidungsträger und Koordinatoren[49].

Briefings werden i.d.R. in schriftlicher Form an Parfümlieferanten verschickt, um eine einheitliche Übermittlung aller Informationen zu gewährleisten und Mißverständnisse zu vermeiden. Bevor das Briefing verschickt werden kann, muß nicht nur sein Inhalt feststehen, sondern auch geklärt sein, wer die Verantwortung für die spätere Entscheidung der Parfümwahl trägt (Marketingabteilung, Produktmanager, Verkauf oder Technik), wieviele Offerten von welchen Lieferanten angefordert werden sollen und wie die Parfümierung riechen soll.

Die Gesamtzahl der angeforderten Offerten muß unter Kosten- und Personalgesichtspunkten testbar bleiben. Die Zahl der Offerten, die von den einzelnen Parfümherstellern angefordert wird, kann die Art der Parfümkreation beeinflussen. Je größer der Lieferant seine Chancen, den ausgeschriebenen Auftrag zu erhalten, einschätzt, desto größer wird sein Aufwand hinsichtlich Zeit und Per-

---

[48] Vgl. Jellinek, S.; Parfümieren; S. 126.

[49] Eine von S. Jellinek zusammengestellte Kontrolliste für das Parfüm-Briefing befindet sich im Anhang (Tab. 8).

sonaleinsatz sein, um eine passende Parfümierung anbieten zu können. Je weniger Offerten abzuliefern sind und je enger die Duftpalette abgesteckt wird, desto weniger wird sich der Lieferant auf ein Risiko einlassen. Er liefert keine ausgefallenen oder gänzlich neuartigen Kreationen, denn die Rezepturen der abgelehnten Muster bleiben zwar in seinem Besitz, er muß die Entwicklungskosten aber selbst tragen[50].

Im folgenden wird ein allgemein gehaltenes Briefing wiedergegeben, das im Aufbau einem von der Haarmann & Reimer GmbH zur Verfügung gestellten Briefing entspricht: Der Hersteller eines Körperpflegemittels plant, zum 01.01.1988 eine Variante seiner am Markt führenden Serie durch eine neue Variante zu ersetzen.

Das Briefing geht dem Riechstoffhersteller Anfang Februar 1986 zu. Im Anschreiben wird er gebeten, bis Mitte des Monats den Parfümkostenrahmen inklusive der erwarteten Parfümkonzentration pro Tonne Fertigprodukt für zwei Parfümierungsvorschläge mitzuteilen. Bis Mitte März 1986 sollen die Parfümöle hergestellt und mit je vier Fertigmustern an den Auftraggeber gesendet werden. Für die Anfertigung der Muster wird unparfümierte Produktgrundmasse zur Verfügung gestellt. Der Preis für das Parfümkonzentrat soll ein Jahr lang stabil bleiben, damit der Hersteller in der Einführungsphase der neuen Produktvariante keine Preiserhöhungen aufgrund gestiegener Parfümierungskosten vornehmen muß.

Als erstes wird im Briefing der Markthintergrund geschildert. Dazu gehören Informationen wie die Marktstellung des Auftraggebers (hier: Marktführer) im Verhältnis zu seinen Konkurrenten, aber auch Informationen über Marktereignisse, wie die Einführung von Marktneuheiten während des vergangenen Jahres.

Dann wird das neue Produktkonzept vorgestellt. Das Produkt soll 1988 lanciert werden. Der Hersteller nennt die Vorbilder für sein Produktkonzept, die Zielgruppe und die Verwendungsart sowie die Farbe des Produkts.

Um chemische Reaktionen zwischen Packstoff, d.h. Verpackungsmaterial, und der Parfümierung von vornherein auszuschließen, werden die Packstoffbestandteile genannt.

Das eigentliche Duftbriefing enthält folgende Duftbeschreibung: "...ein sehr balsamischer, milder, pflegender Duft, der jedoch nicht zu leise sein darf." Der gewünschte Duft soll sich klar von denen der Konkurrenzprodukte abheben, eine

---

[50] Vgl. Jellinek, S.; Parfümieren; S. 115.

hohe Akzeptanz beim Verbraucher erzielen und langanhaltend wirken. Es soll kein me-too-Duft sein, die Anlehnung an ein erfolgreiches Parfüm wird aber nicht ausgeschlossen.

Der letzte Punkt des Briefings betrifft die Anforderungen an die Parfümierungen in technischer, toxikologischer und dermatologischer Hinsicht. Die gelieferten Parfüms müssen im Fertigprodukt einem 3-monatigen Zeitraffertest unter wechselnden Bedingungen ohne geruchliche, farbliche und qualitative Veränderungen standhalten. Sie müssen auch den IFRA-Richtlinien entsprechen.

Nicht alle Firmen planen die Parfümierung ihrer Produkte langfristig. Es kommt vor, daß Parfümierungen kurzfristig vom Riechstoffhersteller übersendet werden sollen, oder daß das Briefing nur unzulängliche Informationen über Produkt, Verpackung oder gewünschte Parfümierung enthält[51].

3.3. Wahl einer Parfümierung

Die Wahl einer Parfümierung hat unter Berücksichtigung ihrer Funktion im Produktkonzept zu erfolgen. Nicht die "schönste" oder "gefälligste" sondern die am besten zum Produkt passende Parfümierung ist auszuwählen.

Parfümierungen, die im Fertigprodukt chemische oder physikalische Veränderungen hervorrufen, werden eliminiert. Läßt es der Zeitplan zu, so kann bei sehr geeignet erscheinenden Parfümzusammensetzungen versucht werden, die Bestandteile, die die Veränderungen bewirken, auszutauschen. Das gleiche gilt für Parfümierungen, die toxikologische oder dermatologische Risiken beinhalten.

Eine Parfümierung ist ebenfalls abzulehnen, wenn sie zu teuer ist. Es besteht aber die Möglichkeit zu versuchen, eine annähernd gleich riechende Parfümierung in kostengünstigerer Zusammensetzung herzustellen[52].

Der Parfümtest gilt als Verfahren, das dazu dient, die jeweils am besten geeignete Parfümierung für ein Produkt auszuwählen. Unabhängig vom Testverfahren ist darauf zu achten, daß die Parfümierungen unter gleichen technischen und

---

[51] Vgl. Gespräch mit G. Dähn; 03.03.1987.
[52] Vgl. Jellinek, S.; Parfümieren; S. 32.

äußeren Bedingungen durchgeführt werden. Nur so sind die Daten vergleichbar und überprüfbar.

Um ein optimales Ergebnis der Parfümierungstests zu erhalten, sollte der Testaufbau eine Beurteilung der verschiedenen Phasen des Duftablaufs und der Parfümierung in verschiedenen Darbietungsformen, d.h. als Duft ohne Produkt, als Produktparfümierung in einem sog. Blindtest und in Verbindung mit einem gesamten Produktkonzept, ermöglichen. Das Testen des Duftes selbst kann ggf. über andere Verwendungsmöglichkeiten der Parfümierung oder über Assoziationen, die der Duft auslöst, Auskunft geben.

Mit Blindtests soll verhindert werden, daß andere Elemente des Produkts, wie Name oder Image einer am Markt bereits eingeführten Produktserie, in die Duftbeurteilung einfließen. Es wird erwartet, daß die Testpersonen ihren spontanen Dufteindruck in Verbindung mit dem (noch nicht markierten) Produkt dokumentieren. Diese Informationen können als Hinweis auf grundsätzliche Zustimmung oder Ablehnung des Produktdufts gewertet werden. Der erste Geruchseindruck eines Konsumenten kann über Gefallen oder Ablehnung eines Produktes und somit über Kauf oder Nichtkauf entscheiden.

Weiter kann im Blindtest eine Beschreibung des Duftes, der durch den Duft ausgelösten Produkterwartungen, der vermuteten Produktleistungen und eine Einschätzung des Markenniveaus erfolgen. Derartige komplexe Duftbeurteilungen setzen aber im Riechen und Beschreiben von Düften geübte Testpersonen voraus, wie sie in Kapitel III, 5.2. am Beispiel des Odor Evaluation Board charakterisiert worden sind.

Bei einem Test des fertigen Produkts kann der Duft als eine von mehreren Eigenschaften oder auf seine Eignung, den Produktnutzen und das Image zu unterstreichen, getestet werden.

3.3.1. Auswahlprozeß

Eine erste Parfümierungsauswahl treffen die Riechstoffhersteller bzw. die Parfümeure. Sie präsentieren nur die Parfümierungen, von denen sie erwarten, daß sie akzeptiert werden. Nur zwischen diesen vorgestellten Parfümierungen kann gewählt werden.

Die Entscheidung für den am meisten erfolgversprechenden Duft aus der Palette der zur Verfügung stehenden Düfte muß von den Riechstoffherstellern und ihren Kunden gleichermaßen getroffen werden. Es sei denn, der Kunde überläßt die Entscheidung der Parfümierung seinen Parfümlieferanten oder er bestellt eine Parfümierung, die er unbesehen verwendet.

Die Wahl der Parfümierung kann durch Experten, Experten-, Angestellten- oder Konsumenten-Panels unterstützt werden.

Als Experten werden Personen angesehen, die in der Lage sind, im voraus einzuschätzen, welche Parfümierung in einem bestimmten Produkt Erfolg haben wird. Entscheidend ist, daß der Experte über eine gute Marktkenntnis verfügt. Die Unterstützung der Parfümwahl und auch die Auswahl durch einen firmeninternen Experten hat den Vorteil, daß sie sehr schnell und kostengünstig erfolgen kann. Von Nachteil ist, daß die Entscheidung von einer einzigen Person und ihrem Gespür für den Markt abhängt. Da Düfte auch intrapersonell unterschiedlich beurteilt werden können, ist das Risiko einer Fehlentscheidung als sehr hoch anzusehen.

Um dieses zu reduzieren, bedient man sich sog. Experten-Panels, die im allgemeinen zwischen vier und sechs Mitglieder haben. Solche Testgruppen werden vor allem von Parfümlieferanten eingesetzt, um zu entscheiden, welches Parfüm bzw. welche Parfüms den Kunden angeboten werden[53]. Der Einsatz von Experten-Panels bietet sich für Fertigwarenhersteller weniger an, weil sie einerseits Schwierigkeiten haben werden, mehrere Experten zu finden[54], und diese Experten kaum direkte Erfolgskontrollen bzgl. ihrer Entscheidungen haben.

Ein Riechstoffhersteller, dessen Offerten relativ häufig abgelehnt werden, kann die akzeptierten und auf den Markt gebrachten Düfte analysieren, mit seinen Offerten vergleichen und versuchen, marktgerechtere Parfümierungen anzubieten. Die Erfolgskontrolle ist für die Experten eines Riechstoffherstellers somit wesentlich leichter zu realisieren als für die eines Fertigwarenherstellers. Die Rückmeldung über Parfümierungsentscheidungen wird auch dadurch erschwert, daß ein insgesamt ausgezeichnetes Produkt einen im Verhältnis zu den übrigen Produktelementen "schwachen" Duft verkraften kann[55].

---

[53] Vgl. Jellinek, S.; Parfümieren; S. 44.
[54] Vgl. ebenda.
[55] Vgl. Gespräch mit E. Busse; 25.07.1986.

Angestellten-Panels können sowohl bei Riechstoffherstellern als auch bei Fertigwarenproduzenten den Nachteil haben, daß die Mitglieder auf "Firmendüfte" festgelegt sind, d.h., daß die in der Firma hauptsächlich hergestellten oder verwendeten Duftrichtungen präferiert werden. Andere Kompositionen können sich in solchen Fällen kaum oder nur schwer durchsetzen. Ein weiterer Nachteil könnte sein, daß die Angestellten des Fertigwarenherstellers aus Gründen der Loyalität, bzw. um nicht negativ aufzufallen, firmeneigene Produkte besser beurteilen[56]. Angestellten-Panels der Riechstoffhersteller haben je nach Standpunkt des Urteilenden den Vor- oder Nachteil, daß sie bezüglich der Produktparfümierungen sensibilisiert sind. Sie werden eher als andere Personen auf die Parfümierung achten und sie aufgrund ihrer größeren Erfahrung im Umgang mit Düften besser beschreiben können.

Konsumenten-Panels haben den Nachteil, daß sie u.U. keine konkreten Aussagen über den Duft bringen. Wenn die Panelmitglieder nicht speziell für Dufttests ausgebildet sind, können sie i.d.R. die Parfümierung mangels umfassenden Vokabulars nur unzureichend beschreiben. Hat die Parfümierung die Aufgabe, bestimmte Nutzen oder Produkteigenschaften zu signalisieren, so kann es sein, daß sie nur unterbewußt wahrgenommen und nicht verbal in die Produktbeurteilung einbezogen wird. Außerdem werden Konsumenten-Panels nicht immer nach der Riechfähigkeit der einzelnen Personen zusammengestellt - auch wenn sie Produkte, deren Parfümierung als wichtig anzusehen ist (z.B. Kosmetika), testen. Konsumenten-Panels, die unter dem Gesichtspunkt "homogene Riechfähigkeit ihrer Mitglieder" zusammengestellt und im Riechen trainiert werden, sind für die Unterstützung der Parfümierungsauswahl daher besser geeignet. Sie können die Produkteigenschaft Duft bewußt überprüfen und als Teil des Produktkonzepts beurteilen. (Vgl. dazu die Darstellung der auf Duftforschung spezialisierten Institute in Kapitel III, 5.2.)

3.3.2. Entscheidungsträger

Zu Beginn dieses Jahrhunderts hatten Konsumwarenhersteller, die ihre Produkte parfümierten, meist einen eigenen Parfümeur. Dieser entwarf die Parfümierungen und konnte somit weitgehend über die Art der Produktparfümierung bestimmen, auch wenn der Eigentümer bzw. der Direktor des Unternehmens die offizielle

---

[56] Vgl. Jellinek, S.; Parfümieren; S. 47.

Entscheidungsinstanz war[57]. Die Riechstoffindustrie lieferte lediglich die Grundstoffe für die Parfümkompositionen. Nach dem I. Weltkrieg übernahm die Riechstoffindustrie mehr und mehr eine aktive Rolle bei der Herstellung von Parfümkompositionen. Heute unterhalten nur noch die größten Duftstoffverbraucher eigene Labors mit Parfümeuren[58].

Die Entscheidung, welche Parfümierung einem Produkt hinzugefügt werden soll, wird heute durch unterschiedliche Gruppen gefällt. Wer diese Gruppen oder Einzelpersonen sind, ist von Unternehmen zu Unternehmen verschieden und hängt u.a. von der Unternehmensstruktur und der Bedeutung, die der Produktparfümierung zugestanden wird, ab[59]. Ursprünglich hatten die Mitarbeiter der Anwendungslabors bei den Fertigwarenherstellern wohl den größten Einfluß, denn es war ihre Aufgabe, die Parfümierungen den Produkten hinzuzufügen. In den letzten zehn Jahren hat insofern verstärkt eine Umorientierung eingesetzt, als Marketing-Abteilungen allmählich mehr Mitsprache- bzw. Entscheidungsrechte zugestanden werden. Bei diesem Prozeß spielt neben der Bedeutung der Parfümierung auch die Größe der Unternehmung eine wichtige Rolle.

4. Einsatz von Duftstoffen in verschiedenen Produktbereichen

Die nachfolgende Einteilung der Produktbereiche ist nicht ohne Überschneidungen. Sie läßt die Einordnung eines Produktes in mehrere Bereiche zu, da teilweise nach Verwendungszwecken (4.1. und 4.5.), nach Produktbestandteilen (4.2.), nach Darbietungsformen (4.3.) oder nach Produktmaterialien (4.5.) unterschieden wurde. Das Ziel der Darstellung ist aber lediglich, konkrete Hinweise und Beispiele für Produktbereiche, in denen Duftstoffe verwendet werden, zu geben.

---

[57] Vgl. Jellinek, S.; Parfümieren; S. 155.
[58] Vgl. ebenda, S. 156.
[59] Vgl. Gespräch mit G. Dähn; 03.03.1987.

4.1. Kosmetika

Kosmetika sind Stoffe oder Stoffzubereitungen, die vom Menschen äußerlich oder in der Mundhöhle zur Reinigung, zur Pflege, zur Beeinflussung des Aussehens oder des Körpergeruchs angewendet werden (vgl. § 4 LBGG).

Die unter der Bezeichnung "Kosmetika" oder "kosmetische Mittel" zusammengefaßten Produkte für die oben aufgeführten Zwecke werden in verschiedene Sparten eingeteilt. Der Branchenbericht der **Commerzbank AG** unterteilt wie folgt:

- Duft- und Parfümsektor (Feinparfümerie)

- pflegende und dekorative Kosmetik

- Dusch- und Badezusätze

- Zahn- und Mundpflege

- Haarpflege

- sonstige Artikel (vor allem Deodorantien)[60].

Auf dem Weltkosmetikmarkt werden 70 % des Umsatzes in den USA, Japan und Westeuropa erzielt. Die Bundesrepublik Deutschland gilt, speziell im Duftbereich, als einer der zukunftsträchtigsten Märkte, weil der Lebensstandard der deutschen Abnehmer sehr hoch ist. 1985 wurden in der Bundesrepublik Kosmetika und Körperpflegeprodukte im Wert von DM 6,57 Mrd. produziert und für rund DM 10 Mrd. abgesetzt[61].

Auf den Duft- und Parfümsektor entfielen 1985 etwa 10 % oder DM 950 Mio Umsatz in einem Produktionswert von DM 483,6 Mio; (Parfüms und Duftwässer für Herren nicht eingerechnet, da diese unter Herrenkosmetik geführt werden)[62]. Das Einstiegsalter der Verwenderinnen liegt zwischen 11 und 12 Jahren. Für sie werden eigene Parfüms und Pflegeserien entwickelt, die alters-adäquat parfümiert und vermarktet werden[63].

---

[60] Vgl. o.V.; Wachstumsmarkt: Körperpflege/Kosmetik; Branchenbericht vom 23.07.1986, Commerzbank AG (Hrsg.); Zentrale Abteilung Volkswirtschaft und Öffentlichkeitsarbeit, S. 2.

[61] Siehe Tab. 9 und Tab. 10 im Anhang.

[62] Vgl. o.V.; Düfte liegen im Trend; in: Parfümerie aktuell, Nr. 5, September/Oktober 1986, S. 65 und Tab. 9 im Anhang.

[63] Vgl. o.V.; Dufte Kampagnen - Wie eine Marke korrespondiert; in: Absatzwirtschaft, Nr. 2, 1986, S. 62-64.

Auf die pflegende Kosmetik entfielen 1985 22 % des Produktionswerts der Kosmetik- und Körperpflegemittelindustrie[64]. Zu den Pflegeprodukten gehören Hautcremes und -lotionen, Produkte für spezielle Hautpartien, -typen und -probleme, Sonnen- und Babypflegeserien. Die Parfümierung dieser Produkte hat die Aufgabe, die Wirkung des Produkts herauszustellen oder eine unangenehm riechende Produktgrundmasse zu maskieren[65].

Die dekorative Kosmetik wird aus ästhetischen Gründen angewendet und soll die Persönlichkeit und Erscheinung des Verwenders positiv unterstreichen. Zur dekorativen Kosmetik gehören Augen- und Gesichts-Make up, Lippen- und Nagelpflegeprodukte.

Die Bereiche Haarpflege, Feinseifen sowie Dusch- und Badezusätze erreichten 1985 einen Produktionswert von DM 2,78 Mrd[66]. Produkte dieser Bereiche werden als Einzelprodukte, als Teil gleich parfümierter Körperpflegeserien oder als Produktserien mit unterschiedlichen Parfümierungen, je nach Verwendungsanlaß, angeboten. Beispiele sind die Körperpflegeserie "CD" und die unterschiedlich parfümierten Deos der Serie "Axe" von der Elida Gibbs GmbH.

Die Herrenkosmetik entwickelte sich aus dem Rasierbedarf und wird gegenwärtig als "der Wachstumsbereich" innerhalb des Gesamtmarktes Körperpflege und Kosmetik betrachtet. Von 1976 bis 1985 stieg der Umsatz in diesem Marktsegment von DM 360 Mio auf DM 703 Mio, d.h. um 95,3 %. Auf dem Gesamtmarkt stieg der Umsatz im gleichen Zeitraum nur um 55,0 %[67]. Die überdurchschnittlich hohen Wachstumsraten werden sowohl auf ein erhöhtes Pflegebewußtsein als auch auf die veränderte Einstellung zur Herrenkosmetik zurückgeführt. Bis in die 60er Jahre galt es allgemein als "unmännlich", ein Parfüm oder eine Gesichtscreme zu verwenden[68]. Inzwischen gibt es auf dem deutschen Markt 224 Herren-Serien

---

[64] Vgl. o.V.; Wachstumsmarkt: Körperpflege/Kosmetik; S. 2.

[65] Vgl. Jellinek, P.; Die psychologischen Grundlagen der Parfümerie; 3. Aufl., Heidelberg 1973, S. 177.

[66] Vgl. Tab. 9 im Anhang.

[67] Vgl. o.V.; Marktanalyse Herrenkosmetik: Männer pflegen sich immer mehr; in: Parfümerie aktuell, Nr. 6, November/Dezember 1986, S. 33 und Tab 11 im Anhang.

[68] Vgl. Schulz, B.; Duftkompositionen; S. 8 B.

und Einzelprodukte, die neben Rasierbedarf auch Duftwässer, Parfüms, Dusch- und Badezusätze, Gesichts- und Körperpflegeprodukte umfassen[69].

4.2. Aromen als gesonderter Bereich der Kosmetik

Aromen sind ein Zusammenspiel von Geruchs- und Geschmacksstoffen. Die deutsche Aromen-Verordnung vom 22.12.1981 unterscheidet natürliche, naturidentische und künstliche Aromastoffe.

Aromen sind in der Hauptsache Bestandteile von Lebens- und Genußmitteln. Sie sind aber auch Bestandteil von Kosmetika, wie Zahnpasten, Mundwässern oder Lippenpflegeprodukten. Die Herstellung dieser Produkte wird durch die Aromen-Verordnung und das LBGG (§ 4) bezüglich der verwendeten Rohstoffe und der Herstellungsverfahren geregelt. Aber auch psychologische Aspekte begrenzen das Spektrum der jeweils verwendbaren Aromen. Zahnpasta hat üblicherweise einen frischen, leicht "medizinischen" oder minzigen Geschmack. Versuche, eine Zahnpasta mit Whiskygeschmack auf den Markt zu bringen, würden sicher auf Ablehnung stoßen, weil der Konsument von Zahnpasten erwartet, daß sie einen angenehm erfrischenden und anregenden Geschmack haben und hinterlassen[70]. Diese Geschmackserlebnisse werden aber nicht mit Whisky verbunden.

4.3. Aerosole

Sprays jeglicher Art werden als Aerosole bezeichnet. Streng genommen sind alle Gase, die feste oder flüssige Stoffe in feinst verteilter Form enthalten, Aerosole.

1979 wurden in der Bundesrepublik Deutschland 450 Millionen Spraydosen verkauft. Mehr als 300 Millionen (67 %) enthielten Körperpflegemittel und Haarsprays. Auf die Bereiche Haushaltssprays entfielen 18 %, auf Farben, Auto-

---

[69] Vgl. o.V.; Index Herrenkosmetik; in: Parfümerie aktuell; Nr. 6, November/Dezember 1986, S. 46 ff.

[70] Vgl. Jellinek, P.; Parfümerie; S. 178.

und andere technische Sprays 10,5 % und auf Pharmazeutika 4 % der verkauften Spraydosen[71].

Seit 1974 ist bekannt, daß der überwiegend als Treibmittel in Spraydosen verwendete Fluorchlorkohlenwasserstoff (FCKW) Umweltprobleme verursacht. Der gesundheitlich unbedenkliche und problemlos verwendbare[72] FCKW wird nicht abgebaut und schädigt die Ozonschicht, die die Erde vor den gesundheitsschädigenden Bestandteilen eines Teils der ultravioletten Sonnenstrahlen schützt. Als Folge können beim Menschen vermehrt Hautkrebs auftreten und Tiere und Pflanzen geschädigt werden. Diese "Gefahr aus der Spraydose" hat zu einem vermehrten Einsatz anderer Treibmittel geführt, die aber Probleme bei der Produktparfümierung verursachen können[73].

4.4. Haushaltsprodukte

Im Bereich der Haushaltsprodukte haben Düfte primär die Aufgabe, unerwünschte Produkteigengerüche oder Gerüche im Haus zu maskieren sowie Produkteigenschaften und die "gute Führung des Haushalts" zu signalisieren. Mit Hilfe von Raumluftverbesserern können unerwünschte Küchengerüche maskiert werden. Der Duft eines Fußbodenreinigers kann einerseits hygienische Reinigungskraft ("...mit der kraftvollen Frische der Zitrone"), andererseits auch Milde gegenüber Boden und Händen signalisieren ("schont die Hände, nicht den Schmutz").

Bezüglich des Duftes sind Geschirrspül- aber auch andere Putz- und Reinigungsmittel weltweit relativ stark auf Zitrusdüfte festgelegt und die Bemühungen, andere Düfte zu lancieren, waren bisher wenig erfolgreich[74].

Weitere Produkte dieser Gruppe sind Waschpulver, Weichspüler, Fuß- und Teppichbodenreiniger, Schuhputzmittel und Produkte zur Möbelpflege.

---

[71] Vgl. o.V.; FCKW - Freie Spraydosen; in: Umwelt Sonderheft "Das Umweltzeichen" vom 16.01.1984; Hrsg.: Bundesministerium des Inneren, S. B 3.

[72] Vgl. Schönfeld, K. W.; FKW - freie Aerosolprodukte und ihre Parfümierung; in: Haarmann & Reimer GmbH, Holzminden (Hrsg.); H & R Contact 30, o.J., S. 22.

[73] Vgl. ebenda.

[74] Vgl. Gibbons, B.; Smell; S. 360.

4.5. Papier- und Schreibwaren

Parfümiertes Briefpapier ist keine Erfindung der Gegenwart. Relativ neu hingegen ist die Anwendung der Mikroverkapselung von Duft- und Aromastoffen für die Herstellung duftender Drucksachen. In den USA wird diese Methode seit 1969, in Europa seit 1971 angewendet[75].

Mikroverkapselung bedeutet Einkapselung oder Umhüllung von Substanzen in mikroskopisch kleine Kapseln. Die Mikrokapseln enthalten bis zu 98 % aktives Duftmaterial, das vor Umwelteinflüssen vollständig geschützt und über Jahre stabil ist. Bei der Applikation der Mikrokapseln auf das Papier können die Duftnote und die Duftintensität bestimmt werden. Je qcm werden etwa 2 bis 3 Millionen Kapseln aufgetragen, die mit bloßem Auge nicht erkennbar sind. Reibt man über die Duftstelle, so wird der Duft in seiner ursprünglichen Form freigesetzt. Dieser Vorgang kann sehr oft wiederholt werden, weil bei jedem Reiben nur ein kleiner Teil der Kapseln geöffnet wird. Je nach Duftkonzentration werden pro qm Duftfläche 5 bis 10 g Parfümessenz benötigt[76].

Die Microscent-Duftbeschichtung ermöglicht es, bei Druckerzeugnissen den Duft als dritte Werbedimension neben Wort und Bild einzusetzen. Der Duft soll weitere, Wort und Bild ergänzende Informationen liefern und somit die Werbewirkung erhöhen. Untersuchungen in den USA ergaben, daß duftenden Werbebotschaften weitaus größere Aufmerksamkeit geschenkt wird als nicht duftenden[77].

Die Anwendungsmöglichkeiten dieses Verfahrens sind so zahlreich wie die Verwendungsmöglichkeiten von Papier. Beispielhaft seien genannt:

- Produktwerbung mit der jeweils charakteristischen Duftnote für Kosmetika, Lebensmittel, Haushaltsreiniger, u.a.

- Selbstklebende Etiketten für die Außenverpackung, damit der interessierte Konsument das Produkt riechen kann, ohne die Verpackung selbst zu öffnen

---

[75] Vgl. o.V.; Duftende Drucksachen: Eine neue, faszinierende Anwendung der Mikroverkapselung; o.J. u. o.O., erhalten von der Wanfried-Druck Kalden GmbH, Wanfried, S. 3.

[76] Vgl. hierzu: Microscent - Duftbeschichtung; Abb. 15 im Anhang.

[77] Vgl. o.V.; Duftende Drucksachen; S. 4.

- duftende Mal-, Koch- oder Schulbücher

- Glückwunschkarten oder Geschenkpapier mit einem dem Anlaß entsprechenden Geruch.

Bei den Schreibwaren gibt es z.b. beduftete Fasermaler, Filzschreiber und Radiergummis, Dufttinte, Blei- und Buntstifte, die während des Gebrauchs und/oder beim Anspitzen duften.

Für diese Produkte sind Blumen- oder parfümistische Düfte vorzuziehen, da es in der Vergangenheit im Zusammenhang mit Radiergummis in Fruchtform und entsprechender Parfümierung zu Unfällen kam. Kinder hielten die wie Früchte aussehenden und riechenden Radiergummis für eßbar und verzehrten sie. Deshalb sind bei mit Nahrungsmitteldüften gestalteten Produkten alle Nutzungsmöglichkeiten in Betracht zu ziehen und bei der Wahl der Produktbestandteile zu berücksichtigen, damit gesundheitliche Schäden in jedem Fall ausgeschlossen werden können.

4.6. Beispiele aus anderen Bereichen

In diesem Abschnitt sollen einige Produkte und Bereiche genannt werden, die "normalerweise" anders riechen oder mit Hilfe von Duftstoffen geruchlos gemacht werden:

- Puppen und Gummispielzeugtiere, die nach Vanille, Erdbeeren oder anderem riechen (von MB-Spiele und von Cicco)

- duftende Tennisbälle

- Innenfarbe mit Apfelgeruch (UNITECTA Oberflächenschutz GmbH)

- Duftpatronen für Klimaanlagen

- Bekleidung, der durch Duftstoffe ein besonderer Geruch gegeben wird.

Beispiele für Maskierungen und "geruchlose" Produkte:

- Kläranlagen, die beim Umwälzen von Klärschlamm starke Geruchsbelästigungen erfolgreich mit Heuduft überdecken

- Maskierung von Schaumgummi, das unmaskiert nach Fisch riechen würde.

Einsatz von Duftstoffen im Werbemittelbereich:

- Beduftung von Displaymaterial mit Originalgeruch[78].

---

[78] Vgl. o.V.; Handelsblatt Nr. 38 vom 24.02.1971, S. 6.

V. Conjoint-Analyse als Instrument zur Untersuchung der Präferenzwirkung von Duftstoffen – eine Pilotstudie

1. Theoretische Überlegungen zur Wahl der Conjoint-Analyse

Der theoretische Bezugsrahmen für die Wahl der Conjoint-Analyse (CA) als Instrument der Präferenzmessung in der vorgelegten empirischen Untersuchung ergibt sich aus den Überlegungen zum menschlichen Präferenzbildungsprozeß und zur Meßproblematik von Duftpräferenzen (Vgl. Kap. II, 3. und Kap. III, 2.). Es kann festgehalten werden, daß die CA als quasidekompositionelles multiattributives Präferenzmeßmodell den Anforderungen gerecht wird, die man an ein Instrument zur Untersuchung der Präferenzwirkung von Duftstoffen stellen muß.

Der CA gelingt es, eine direkte Beziehung zwischen Präferenzen und Produkteigenschaften herzustellen und damit den Prozeß der Produktwahrnehmung und Präferenzbildung der Konsumenten nachzuvollziehen. Konsumenten sehen ein Produkt als Bündel verschiedener Produkteigenschaften und treffen ihre Produktwahl unter Berücksichtigung mehrerer Merkmale, also multiattributiv, jedoch im Kontext einer ganzheitlichen Produktbeurteilung, in deren Verlauf Einzelpräferenzwerte abgewägt und zu einem Globalindikator der Präferenz zusammengefaßt werden.

Die CA erfragt diesen globalen Präferenzindikator und fächert ihn wieder in einzelne Präferenzfaktoren auf, deren Nutzenwerte sich aus der relativen Wichtigkeit eines Merkmals im Eigenschaftsbündel des Beurteilungsobjektes ergeben. Daraus kann das Unternehmen unmittelbar Informationen für die Gestaltung von Produkten ableiten. Die CA bietet aus diesem Grund erhebliche Vorteile gegenüber anderen Methoden der Präferenzmessung wie die Likert-Skala oder Polaritätsprofile.

Ein weiterer Vorteil der CA besteht darin, daß durchschnittlich duftsensible Verbraucher den Anforderungen in Produkttests genügen. Mit ihrem einfachen Erhebungsvorgang (Bilden einer Präferenzreihenfolge) umgeht die CA die eingeschränkte menschliche Verbalisierungsfähigkeit und scheint deshalb mehr als andere Präferenzmeßmethoden dazu geeignet zu sein, den Bedürfnissen der Duftmarktforschung nach einem praxisgerechten und doch validen Meßinstrument entgegenzukommen.

Für die Methode spricht ebenfalls, daß die CA meist mit einem fraktionierten faktoriellen Design arbeitet, das die Menge der zu evaluierenden Duftalternativen erheblich einschränkt und den Konsumenten im Beurteilungsprozeß nicht überfordert.

Aufgrund ihrer in anderen Anwendungsbereichen als der Duftmarktforschung bewiesenen Praktikabilität und Aussagekraft, relativieren sich die Nachteile von mathematischen, für die Duftempfindung zu rigiden Bewertungs- und Entscheidungsregeln, mit denen die Meßmodelle der CA arbeiten. In gewissem Maße wirkt das Abgeben einer Globalbeurteilung kompensierend, weil es Rationalisierungen verhindert und spontan emotionales Entscheidungsverhalten berücksichtigt.

Für die Wahl der CA sprechen weiterhin die anwendungsbedingten Schwächen eines anderen Instrumentes, das sich aus theoretischer Sicht für seinen Einsatz in der Duftmarktforschung anbietet. Die Magnitudeskalierung in Form der nonverbalen intermodalen Messungen wirft in der praktischen Duftevaluierung solange noch erhebliche Probleme auf, bis vor allem die für olfaktorische Reize geeigneten Vergleichsmodalitäten besser erforscht sind.

Die Beschäftigung mit CA in der Duftmarktforschung wird schließlich durch den Mangel an Veröffentlichungen zu diesem Thema nahegelegt. In der Marketingliteratur finden sich zahlreiche Anwendungsfälle von CA in unterschiedlichen Produktbereichen[1]. Obwohl auch Untersuchungen auf dem Kosmetik- und Körperpflegesektor durchgeführt worden sind, liegen nur wenige Informationen über eine CA vor, die die Produktkomponente Duft in ihrem Testdesign berücksichtigt.

GREEN und WIND berichten in diesem Zusammenhang über eine Feinseifenstudie[2]. Versuchspersonen mußten Seifen, die sich in den Faktoren Duft, Duftintensität und Farbe unterschieden, verschiedenen Verwendungszwecken zuordnen, mithin eine Rangreihenfolge unter dem Beurteilungsaspekt "end-use appropriateness" bestimmen. Die Studie wurde mit einem CA-Algorithmus ausgewertet und kam zu dem Ergebnis, daß Duft den wichtigsten die Verwendung bestimmenden Teilnutzen einer Seife darstellt.

---

[1] Vgl. die Übersicht bisheriger Anwendungsgebiete in Green, P. E.; Tull, D. S.; Methoden und Techniken der Marktforschung; 4. Aufl., Stuttgart 1982, S. 463.

[2] Green, P. E.; Wind, Y.; Consumer's Judgments; S. 113.

Neben der Flexibilität in der Anwendung einer CA hinsichtlich des gewählten Beurteilungsaspektes wird anhand der Feinseifenstudie deutlich, daß über einige grundlegende Problemstellungen bei der Präferenzanalyse von Düften mittels CA keine oder nur unzureichende Ergebnisse vorliegen. Aus diesem Grund lag es nahe, die theoretisch fundierte Eignung der CA für die Duftmarktforschung in einer empirischen Untersuchung zu überprüfen und im Falle der Eignung des Instrumentes Aussagen über die Präferenzwirkung von Düften zu treffen und bereits bekannte Fakten zu bestätigen.

2. Zielsetzung und Aufbau der Studie

2.1. Ziele und Pilotcharakter der Studie

Das vorrangige Ziel der Untersuchung bestand darin, Klarheit über ein Forschungsproblem zu schaffen, insbesondere den Forschungsplan und das Meßinstrument für ein spezielles Anwendungsgebiet zu entwickeln und zu prüfen. Damit erhielt die Untersuchung die Form einer Pilotstudie[3].

Anhand der Studie sollte sich zeigen, ob die CA aus empirischer Sicht ein geeignetes Instrument zur Untersuchung der Präferenzwirkung von Duftstoffen darstellt. Ihre Eignung war im Hinblick auf anwendungsbezogene und erhebungsspezifische Fragen sowie im Hinblick auf Aussagekraft und Verwertbarkeit ihrer Ergebnisse unter Beweis zu stellen. Im Mittelpunkt des Interesses stand die Frage nach der Eignung der CA für die Untersuchung der Präferenzwirkungen alternativer Produktkonzeptionen im Hinblick auf ein vorher spezifiziertes Nutzenprofil, im besonderen dann, wenn der Faktor Duft in unterschiedlichen Ausprägungen berücksichtigt wird.

Im einzelnen standen folgende Untersuchungsziele im Vordergrund:

Es sollten Erfahrungen gesammelt werden, ob die CA in Form eines Präferenzrangfolgetests für eine Duftevaluierung mit durchschnittlich duftsensiblen Verbrauchern in Frage kommt, ob ein reduziertes Faktordesign mit einer begrenzten Anzahl unterschiedlicher Duftkomponenten eine Überforderung der Versuchspersonen auszuschließen vermag. Im praktischen Untersuchungskontext mußte deut-

---

[3] Vgl. Friedrichs, J.; Sozialforschung; S. 121 ff und S. 156.

lich werden, ob im Laufe der "Schnupperproben" für die Versuchspersonen ein "olfaktorisches Chaos" entsteht, das eine akzeptable Evaluierungsqualität ausschließt.

Ein weiteres Untersuchungsziel bestand darin herauszufinden, ob bei den Versuchspersonen Akzeptanzschwellen für die dargebotenen Duftalternativen bestanden. Existieren Akzeptanzschwellen, so ist das Untersuchungsdesign für ein kompensatorisches Analyseinstrument, wie es die CA darstellt, ungeeignet. Von der generellen Eignung der CA für eine Duftevaluierung hing es ab, ob weiter untersucht werden konnte, inwiefern die Ergebnisse der Studie Aufschluß über Präferenzwirkungen von Düften geben. Es geht hier insbesondere um die relative Wichtigkeit des Faktors Duft im Vergleich mit anderen Produktkomponenten und um Einzelheiten des damit eng verbundenen Kompromißverhaltens der Konsumenten bei der Entscheidung für eine Produktalternative.

Der letzte Untersuchungsaspekt betraf die Verwertbarkeit von Präferenzdaten der CA für die Produktgestaltung. Im Rahmen dieser Studie sollte geklärt werden, inwiefern das Datenmaterial aus der Analyse den Produktgestaltungsprozeß unterstützen kann.

Die explorative Natur dieser Studie bedingte, daß dem Ablaufschema, das ANTTILA, v.d. HEUVEL und MÖLLER für die Durchführung einer CA empfehlen[4], nur in Schwerpunkten gefolgt wurde. Besondere Beachtung fanden der erste und letzte Schritt des Ablaufschemas. Dies sind die Spezifizierung des Untersuchungsobjekts hinsichtlich seiner Faktoren und Faktorausprägungen sowie Aussagegehalt und Anwendbarkeit der Untersuchungsergebnisse für den Produktgestalter. Aspekte der Datenerhebung und Datenerstellung, die den mittleren Teil des Ablaufschemas einer CA bilden, wurden bewußt vernachlässigt bzw. pauschal auf die in der Praxis bewährte Art behandelt.

2.2. Merkmale und Ausprägungen des Untersuchungsobjekts

Bei der Auswahl der zu untersuchenden Merkmale und Merkmalsausprägungen eines Objekts ist bei der CA besondere Sorgfalt geboten, da die Ergebnisse durch unwichtige Merkmale oder unrealistische Ausprägungen nachhaltig verzerrt wer-

---

[4] Vgl. Anttila, M.; v. d. Heuvel, R. R.; Möller, K.; Conjoint Measurement; S. 401 und Abb. 16 im Anhang.

den können. Es ist vor allem darauf zu achten, daß die Merkmale für die Befragten zur Beurteilung ihres Objekts "wichtig" sind (sog. "salient attributes").

Im Gegensatz zu rein verbalen Darstellungen bietet die Stimulipräsentation in Form eines physischen Beurteilungsobjekts für die Versuchspersonen Vorteile in Bezug auf Realitätsnähe, Attraktivität und Wahrnehmungsqualität der Objekte. Da keine schriftlichen Produktbeschreibungen visualisiert werden müssen, wird der Informationsüberlastung der Versuchsperson entgegengewirkt.

Aus Gründen der Forschungsökonomie wurde ein Untersuchungsobjekt mit relativ wenigen, leicht zu variierenden Produkteigenschaften ausgewählt. Es sollte ferner ein einziger Satz an Testprodukten für die gesamte Erhebung ausreichen. Die Entscheidung fiel auf die Untersuchung eines Shampoos. Im Rahmen eines der eigentlichen Erhebungsphase vorangehenden Pretests wurden die Produktfaktoren "Äußeres Farbsignal des Produktes", "Duft des Shampoos" und "Imagekonzept" als beurteilungsrelevant für den Konsumenten ermittelt[5]. Nur diese drei Produktmerkmale wurden systematisch variiert, während die restlichen vorgegebenen Merkmale (Form der Flasche, Farbe des Shampoos) konstant gehalten wurden.

Die untersuchten Faktoren und ihre Ausprägungsstufen waren im einzelnen:

- das äußere Farbsignal des Produktes in den Ausprägungen "blau", "grün" und "weiß". Dazu wurden die Verschlußkappen der Shampoo-Flaschen mit den drei Farben versehen und auch die Ausgestaltung der Etiketten farblich daran angeglichen. Die Farbe des Flaschenkörpers wurde konstant gehalten (weiß).

- die Duftnote des Shampoos in den Ausprägungen "Kräuterduft frisch", "Kräuterduft pflegend" und "Kräuterduft Kamille". Die drei Kräuterdüfte stammten aus marktgängigen Haarpflegeprodukten. Der Pretest machte deutlich, daß die Düfte keinerlei Rückschlüsse auf die ursprünglichen Marken zuließen.

- Imagekonzeption des Shampoos in den Ausprägungen "Aktiv-Konzept", "Pflege-Konzept" und "Natur-Konzept". Die Darstellung der Imagekonzepte erfolgte verbal und in Form von Piktogrammen. Die Konzepte wurden eti

---

[5] Der Faktor "Preis" wurde nicht berücksichtigt, da der Schwerpunkt dieser Studie auf der Analyse von Gestaltungselementen und Imagefaktoren lag, deren Wichtigkeit anderenfalls zu stark vom Preis verzerrt worden wäre.

kettartig auf die Flaschen geklebt. Das Aktivkonzept besagte: "Das sportliche Shampoo - mild und belebend". Das Naturkonzept besagte: "Das pflegende Shampoo - mild und natürlich". Das Pflegekonzept besagte: "Das pflegende Shampoo - mild und schützend".

Abbildung 17 veranschaulicht diese Image-Konzepte.

Abb. 17: Darstellung der Imagekonzepte des Shampoos

Die einzelnen Produktmerkmale wurden anschließend kombiniert. 9 aus ursprünglich 27 Merkmalskombinationen, bei denen die Ausprägungen jeweils gleichmäßig variierten, wurden als fraktioniertes faktorielles Untersuchungsdesign ausgewählt[6]. Die 9 Produktalternativen sind in Tabelle 12 zusammengestellt.

Tab. 12: Zusammenstellung der untersuchten Faktoren und ihrer Ausprägungsstufen in Form von 9 Produkten

Produkt-Nr.	Farbe	Duft	Konzept	Code
1	blau	1	Aktiv	B 1 A
2	weiß	2	Aktiv	W 2 A
3	grün	3	Aktiv	G 3 A
4	grün	1	Natur	G 1 N
5	blau	2	Natur	B 2 N
6	weiß	3	Natur	W 3 N
7	weiß	1	Pflege	W 1 P
8	grün	2	Pflege	G 2 P
9	blau	3	Pflege	B 3 P

2.3. Datenerhebung

Die CA wurde mit der in der Praxis üblichen Erhebungsmethode der Profil-oder Konzeptbewertung durchgeführt. Da die Untersuchung explorativen Charakter hatte, konnte bei der Stichprobe auf Repräsentativität verzichtet werden. Versuchspersonen in dieser Studie waren 30 Studenten der Universität Göttingen.

Aufgrund des Pilotcharakters der Studie kam kein ausgearbeiteter Fragebogen, sondern ein einfacher Erhebungsbogen zur Anwendung[7]. Die Erhebung fand in Form persönlicher Einzelinterviews im Zeitraum vom 06.07. bis 09.07.1987 am

---

[6] Zur Vorgehensweise der Reduktion vgl. Backhaus, K.; u.a.; Multivariate Analysemethoden; S. 351 f.

[7] Vgl. Abb. 18 im Anhang.

Institut für Marketing und Handel der Universität Göttingen statt. Ein Pretest wurden am 03.07.1987 durchgeführt.

Die Versuchspersonen bekamen zunächst das Nutzenprofil und die Zielgruppe eines neuen Shampoos in Form einer Produktbeschreibung[8] vorgestellt. Anschließend hatten sie die Aufgabe, die neun Testshampoos bezüglich ihrer globalen Präferenz in eine Rangreihe zu bringen. Die exakte Vorgehensweise der Befragung kann weitestgehend dem Erhebungsbogen entnommen werden. Da es sich um eine Pilotstudie handelte, sind Daten auch in nicht-standardisierter, qualitativer Form erhoben worden.

Mit Erhebung der ordinalen Rangdatenreihe wurde die Datenbasis zur Analyse der hauptsächlichen Untersuchungsbereiche einer CA geschaffen. Eine Analyse von Verbrauchersegmenten wurde in dieser Studie bis auf eine vereinfachte, lediglich nach Geschlecht getrennte Auswertung nicht durchgeführt. Für eine exakte Segmentierung nötige Cluster-Analysen wurden nicht vorgenommen.

Nach dem Conjoint-Teil der Erhebung wurden die Testpersonen noch <u>direkt</u> nach der Bedeutung der Merkmale Farbe, Duft und Imagekonzept bei der Wahl eines Shampoos gefragt. Damit sollten mögliche, in der Erhebungsmethodik liegende Abweichungen der Befunde zur Wichtigkeit der Duftkomponenten ermittelt werden.

3. Auswertung und Interpretation der Ergebnisse

Die CA-Daten wurden am Wirtschafts- und Sozialwissenschaftlichen Rechenzentrum der Universität Göttingen mit dem Computerprogramm Unicon, einem Teil des Programmpakets MDS(X)[9] erstellt. Die Daten wurden nach einer Prüfung der Einzelurteile auf aggregiertem Niveau ausgewertet, und zwar aggregiert über alle Befragten und geschlechtsspezifisch. Die Analyse der Reliabilität und der Validität der CA-Daten mußte vernachlässigt werden[10].

---

[8] Vgl. Abb. 19 im Anhang.

[9] "The MDS(X) Series of Multidimensional Scaling Programs"; Inter University Research Council Series, Report No. 55, Edinburgh, 1983.

[10] Zu Fragen der Reliabilität und Validität von Conjoint-Analysen vgl. Green, P. E.; Srinivasan, V.; Conjoint Analysis; S. 114 ff.

3.1. Beurteilung der methodischen Eignung der Conjoint-Analyse

Im Mittelpunkt des Interesses stand die Frage, ob die CA mit ihrem reduzierten Faktordesign eine Überforderung der (durchschnittlich duftsensiblen) Versuchspersonen bei der Duftevaluierung ausschließt. Im Pretest und in der eigentlichen Erhebungsphase wurde die Tatsache deutlich, daß drei Düfte in jeweils dreifache Darreichung das Maximum der Beanspruchung für die Versuchspersonen darstellten. Ein möglicher Grund dafür ist, daß bei einigen Versuchspersonen Adaptionseffekte aufgrund Überlastung der Duftrezeptoren beim Riechvorgang eintraten. Ein weiterer Grund mag darin zu suchen sein, daß die Versuchspersonen aufgrund von Ausstrahlungseffekten subjektiv mehr als drei verschiedene Düfte wahrnehmen und für sie dadurch das Gefühl der Überbeanspruchung entstand.

Auf der anderen Seite hielt die Versuchspersonen die Instruktion, spontan und zügig zu einem Produkteindruck zu gelangen und damit ermüdende "Schnupperproben" zu vermeiden, nicht davon ab, ihre eigene olfaktorische Testfähigkeit ausgiebig zu erforschen.

Im Hinblick auf eine geruchliche Überforderung und den Neuartigkeitseffekt bei der Duftbeurteilung ist für die Stimulikonstruktion zu empfehlen, das bereits reduzierte Erhebungsset noch weiter einzugrenzen. Als Ergebnis dieser CA kann festgehalten werden, daß zur Vermeidung der erwähnten Effekte die Beurteilung zweier verschiedener Düfte geeigneter erscheint, als die hier durchgeführte Analyse dreier Düfte.

Ein weiteres Untersuchungsziel wurde mit der Klärung der Frage erreicht, ob hinsichtlich der dargebotenen Duftalternativen Akzeptanzschwellen für die Versuchspersonen bestanden. Dies kann anhand des in Pretest und Hauptuntersuchung erhobenen Datenmaterials ausgeschlossen werden. Damit ist den Anforderungen an die CA als ein kompensatorisches Modell Folge geleistet. Erwähnenswert ist in diesem Zusammenhang die Tatsache, daß die in der Studie verwendeten marktgängigen Duftnoten von vielen Versuchspersonen als "mittelmäßig" oder "typisch für Shampoos" eingestuft wurden. Dies scheint die Tendenz zu bestätigen, daß Verbraucher gerade auch bei Produkten des täglichen Lebens anspruchsvolle Dufterlebnisse erwarten.

Als problematisch erwies sich die Konstruktion des Stimulusmaterials aus voneinander unabhängigen Faktoren. Im Laufe der Untersuchung zeigte sich, daß die Versuchspersonen bis zu zwei Produktalternativen als nicht glaubwürdig einstuften; ein Hinweis dafür, daß die Unabhängigkeit der Faktoren bei ihrer Konstruktion überbetont wurde. Andererseits besteht theoretisch die Möglichkeit, daß es zu Irradiationseffekten zwischen Duft und visuellem Eindruck des Shampoo-Äußeren kam. Dies würde bedeuten, daß die Faktoren nicht vollständig unabhängig voneinander konstruiert wurden[11].

Die Shampoo-Studie zeigt, daß die Konstruktion der Faktoren und die Bestimmung ihrer Anzahl der kritische Punkt bei der praktischen Anwendung einer CA ist. Hier gilt es, einen vernünftigen Kompromiß zwischen Akzeptanz und Beurteilungsfähigkeit der Versuchspersonen, Unabhängigkeit der Faktoren und der vom Marktforscher zu untersuchenden Anzahl von Stimuli zu finden. Bei Einbeziehung dieser Tatsachen in das Untersuchungsdesign einer CA kann dieses Instrument nicht nur aus theoretischer, sondern auch aus praktischer Sicht als geeignet für die Präferenzmessung in der Duftmarktforschung gelten.

3.2. Interpretation der Daten der Conjoint-Analyse

Die anhand der Befragung gewonnenen Rohdaten wurden zuerst in Durchschnittsbetrachtung analysiert, danach wurde das Datenmaterial nach Gesamtfaktorenbedeutung, Bedeutung der Faktorausprägungen und Aussagewert für den Produktgestalter und Duftmarktforscher ausgewertet[12].

3.2.1. Analyse der Rangdaten in Durchschnittsbetrachtung

Der erste Auswertungsschritt bestand in der Analyse der gemittelten CA-Rangplätze für die untersuchten Shampoos. Ziel war es, globale Aussagen über die absolute Wichtigkeit der einzelnen Faktoren zu treffen. Die Auswertung der mittleren Rangplätze läßt keine eindeutige, bei zwei Faktoren nicht einmal eine tendenzielle Aussage über die Wichtigkeit der einzelnen Faktoren und ihren Ausprägungen für das Präferenzverhalten der Versuchspersonen zu[13].

---

[11] Aus CA-Datenmaterial lassen sich solche Aussagen jedoch nicht ablesen, dazu bedarf es einer Varianz-Analyse.

[12] Um den Zusammenhang zwischen den Auswertungsergebnissen, ihrer Interpretation und der tatsächlichen Datengrundlage zu verdeutlichen, wird der gesamte Auswertungsprozeß exemplarisch anhand der Individualdaten einer Versuchsperson in Abb. 22 im Anhang dargestellt.

[13] Vgl. Tab. 13 im Anhang.

Da die Durchschnittsbildung das Verhalten polarisierter Untergruppen innerhalb der Versuchspersonen nivellieren kann, wurden die Rangplätze zusätzlich getrennt nach Geschlecht der Versuchspersonen ausgewertet. Nun sind die Ergebnisse aussagekräftiger[14]. Die mittleren Rangplätze der männlichen und weiblichen Versuchspersonen weichen - z.T. erheblich - voneinander ab. Das Auswahlverhalten für Shampoos scheint bis zu einem gewissen Grade geschlechtsspezifischen Unterschieden zu unterliegen.

Hinsichtlich des Faktors Farbe zeigen beide Versuchsgruppen die gleiche Präferenz. Hier besteht die eindeutige Tendenz, die Ausprägung "weiß" nicht zu wählen. Hingegen werden blaue und grüne Farbsignale des Shampoos von den Versuchspersonen als wichtiger eingestuft. Für den Faktor Duft scheint sich bei den männlichen Versuchspersonen eine Präferenzausrichtung nach Duft 2 bzw. Duft 1 abzuzeichnen, es sei denn, dieser Duft ist mit der Negativ-Farbe "weiß" kombiniert. Bei den weiblichen Versuchspersonen ist keine Aussage zur Duftpräferenz möglich. Auch zum Shampookonzept lassen sich anhand der Daten keine prägnanten Angaben machen.

Als wichtigstes Ergebnis dieser vorläufigen Datenanalyse ist festzuhalten, daß der Faktor Farbe offenbar eine herausragende Rolle für die Präferenzbildung in dieser Studie spielt. Exaktere Aussagen darüber und über die beiden anderen Faktoren liefern die Daten des nächsten Auswertungsschrittes.

3.2.2. Analyse der Gesamtfaktoren-Bedeutung

Im Mittelpunkt dieses Auswertungsschrittes stehen die aus der Rangdatenreihe gebildeten Teilnutzenwerte, also die relativen Beiträge jedes der drei analysierten Faktoren zum Gesamtpräferenzwert für ein Shampoo. Die Gesamtfaktoren-Bedeutung wurde in aggregierter Betrachtung, getrennt nach Geschlecht und im Vergleich zu der im Wege der Befragung isoliert erhobenen Faktorwichtigkeit untersucht.

In aggregierter Betrachtung wird deutlich, daß der Teilnutzen des Faktors Farbe am höchsten ist. Damit bestätigt sich die Tendenzaussage, die anhand der Durchschnittsbetrachtung möglich war. Der Faktor Farbe bestimmt 42 % der Präferenz für ein Shampoo, dagegen fällt die Bedeutung des Faktors Konzept mit

---

[14] Vgl. Tab. 13 im Anhang.

34 % und des Faktors Duft mit 24 % ab[15]. Die Gesamtfaktor-Bedeutung errechnet sich aus der Höhe der Differenz zwischen niedrigstem und höchstem Teilnutzenwert der Ausprägung eines Faktors.

Die einzelnen für männliche und weibliche Versuchspersonen errechneten Teilnutzenwerte der drei Faktoren weisen in die gleiche Richtung, allerdings werden hier akzentuiertere Bewertungen deutlich[16]. Der Faktor Farbe bestimmt die Präferenz der männlichen Versuchspersonen zu 50 %. Hingegen sind die weiblichen Versuchspersonen duftsensibler eingestellt, der Duft ist mit 24 % knapp 7 Prozentpunkte wichtiger als bei Männern. Annähernd gleich ist die relative Bedeutung des Shampookonzepts bei Frauen und Männern mit einem Teilnutzenwert von etwa einem Drittel des Gesamtpräferenzwertes.

Auch bei Betrachtung der isoliert erhobenen Faktorbedeutung nimmt die Farbe bei Männern eine weit höhere Bedeutung ein als bei Frauen[17]. Die Wichtigkeit des Duftes wird etwa gleich hoch eingeschätzt. Die weibliche Versuchsgruppe spricht dem Shampookonzept eine höhere Bedeutung zu als die männliche Versuchsgruppe.

Im Vergleich zu den über die CA indirekt erhobenen Daten zeigt die isoliert erhobene Faktorbedeutung jedoch sowohl in getrennter als auch in aggregierter Betrachtung prägnante Unterschiede[18]. Die Bedeutungsgewichte sind in beiden Betrachtungsweisen völlig verschoben.

---

[15] Vgl. Abb. 20 im Anhang.
[16] Vgl. ebenda.
[17] Vgl. ebenda.
[18] Vgl. ebenda.

Abb. 21:   Gesamtfaktorbedeutung in aggregierter Betrachtung

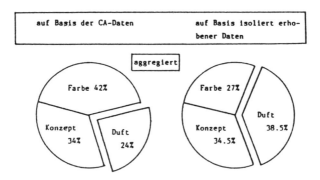

Der isoliert erhobene Faktor Duft besitzt mit einem Teilnutzen von annähernd 40 % die größte Bedeutung, der Faktor Farbe wird erheblich niedriger eingestuft als anhand der CA-Daten. Lediglich beim Konzept wird das gleiche Niveau wie bei der indirekten Analyse der Faktorbedeutung erreicht.

Ein Grund für die Abweichungen ist wohl darin zu sehen, daß die verbalen Antworten bei der isolierten Erhebung der Faktorbedeutung kognitiv stärker gesteuert sind und damit rationaler erfolgen als die indirekten Antworten mittels CA. Andererseits besteht die Möglichkeit, daß Versuchspersonen gemäß sozialer Erwünschtheit geantwortet haben bzw. einem Interviewer-Bias unterlagen.

3.2.3. Analyse der Faktorbedeutung in den Ausprägungsstufen

Die miteinander direkt vergleichbaren Teilnutzenwerte der einzelnen Faktorausprägungen wurden in aggregierter und in nach den beiden Versuchsgruppen getrennter Form ausgewertet.

Die relative Bedeutung des Faktors <u>Farbe</u> wird in der Gesamtbetrachtung etwa in gleichem Maße von den Präferenzbeiträgen der Farbausprägungen "blau" und "grün" beeinflußt. Der Faktor "weiß" steuert im Vergleich dazu einen deutlich negativen Beitrag zur Gesamtfarbpräferenz bei.

Abb. 24: Faktorbedeutung der Ausprägungsstufen in aggregierter Betrachtung

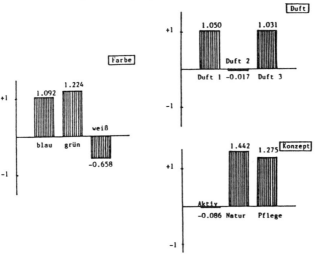

Duft 1 und Duft 3 spielen für die Duftpräferenz eine relativ wichtige Rolle, sind allerdings für die Gesamtpräferenz des Shampoos etwas weniger wichtig als die Faktorausprägungen "blau" und "grün". Der Teilnutzenwert von Duft 2 wird leicht negativ eingeschätzt.

Die größten Teilnutzenwerte aller Faktorausprägungen können die Konzepte "Natur" und "Pflege" auf sich vereinen, wobei dem Naturkonzept eine höhere Bedeutung zuzuschreiben ist. Einen leicht negativen Teilnutzenwert besitzt das Aktivkonzept.

Die getrennt nach Geschlecht durchgeführte Auswertung bringt - ebenso wie bei der Gesamtfaktorenbedeutung - akzentuiertere Ergebnisse als die Gesamtbetrachtung[19]. Herausragendes Ergebnis bei den Daten der männlichen Versuchspersonen ist die extreme Abwertung der Faktorausprägung "weiß", die einen stark negativen Präferenzbeitrag aufweist. Bei allen Faktorausprägungen fällt auf, daß ihr Teilnutzenwert erheblich unterhalb des in der Gesamtbetrachtung errechneten Wertes liegt. Vier der neun Teilnutzenwerte weisen negative Präferenzbeiträge auf.

---

[19] Vgl. Abb. 23 im Anhang.

Auch bei den weiblichen Versuchspersonen läßt sich ein relativ starker negativer Präferenzbeitrag durch die Faktorausprägung "weiß" feststellen[20]. Die Daten zeigen allerdings, daß der Einfluß dieser Ausprägung weitaus geringer als bei der männlichen Versuchsgruppe ist. Der Teilnutzenwert für die Farbe "grün" ist der höchste der neun Werte bei den weiblichen Versuchspersonen, auf etwas niedrigerem Niveau liegen die Präferenzbeiträge für das Natur- und das Pflegekonzept. Interessant ist die erheblich differenziertere Einschätzung der Duftalternativen durch die weibliche Versuchsgruppe. Im Vergleich zu der männlichen Untergruppe liegen die Teilnutzenwerte der Düfte wie auch das gesamte Niveau der Präferenzbeiträge durchgehend höher.

Aus den Teilnutzenwerten jeder der drei Ausprägungsstufen der drei untersuchten Faktoren lassen sich die Gesamtpräferenzwerte für alle der theoretisch möglichen 27 Stimulikombinationen errechnen. Dies hat erhebliche Vorteile für den Produktgestalter, kann er doch Aussagen und Auswahlentscheidungen über Produkte treffen, die physisch gar nicht im Erhebungsset enthalten sind[21].

Die 27 Kombinationen dokumentieren das Kompromißverhalten der Versuchspersonen hinsichtlich der relativen Vorziehenswürdigkeit der einzelnen Faktorausprägungen in vollständiger Form. "Gesamt-Testsieger", d.h. Stimulikombination mit den drei höchsten Teilnutzenwerten ist das Shampoo G1N, gefolgt von Shampoo G3N. Dahinter kommt eine Gruppe von Produkten mit eng beieinander liegenden Gesamtnutzenwerten, nämlich B1N, B3N, G1P und G3P. Testsieger G1N und Verlierer W2A waren beide im tatsächlichen Erhebungsset enthalten. Bereits in der aggregierten Durchschnittsbetrachtung traten die beiden Produkte an erster bzw. letzter Stelle auf.

3.3. Anwendungsbezogene Schlußfolgerungen

Die Interpretation der einzelnen Produktmerkmale und ihrer Ausprägungen, das Kompromißverhalten der Versuchspersonen und die ansatzweise segmentspezifisch aufbereiteten Daten geben sowohl Hinweise für die Produktgestaltung als auch für die Präferenzanalyse von Düften in der Duftmarktforschung. Die Analyse der Teilnutzenwerte ermöglicht dem Produktgestalter die direkte Umsetzung von Meßergebnissen in die Ausgestaltung eines Produktes. Interessant in diesem Zu-

---

[20] Vgl. ebenda.
[21] Vgl. Tab. 14 im Anhang.

sammenhang ist neben dem Ergebnis, daß der Faktor Farbe die herausragende Bedeutung für die Shampoopräferenz einnimmt, die segmentweise Betrachtung der Teilnutzenwerte.

Schon in der Durchschnittsbetrachtung zeichnete sich eine nach dem Geschlecht der Versuchsperson unterschiedliche Beurteilungstendenz ab. Die Analyse der Teilnutzenwerte verstärkte diese Tendenzen und machte deutlich, daß die weibliche Versuchsgruppe dem Duft eines Shampoos einen höheren Nutzenwert zuschreibt als es die männlichen Versuchspersonen tun. Die Bedeutung des Faktors Farbe in der weiblichen Versuchsgruppe fällt weniger ausgeprägt aus als in der männlichen. Davon wird auch das sich in den 27 Stimulikombinationen manifestierende Kompromißverhalten der beiden Gruppen berührt[22]. Die Rangliste der aus den Teilnutzenwerten der männlichen Versuchspersonen konstruierten 27 Stimulikombinationen stimmt mit der anhand aggregierter Daten errechneten Liste bis auf wenige Abweichungen überein. Die Rangliste der weiblichen Versuchspersonen weist Unterschiede auf, jedoch nur im Bereich der vorderen Rangplätze. Da sich alle Versuchspersonen in der Ablehnung der Faktorausprägungen "weiß" und "aktiv" einig sind, werden die hinteren Listenplätze jeweils von weißen und das Aktivkonzept vertretende Shampoos eingenommen. Das im Vergleich zu den Männern unterschiedliche Kompromißverhalten wird durch die höhere Bewertung von Duft 3 und des Pflegekonzepts bestimmt.

Das in den Faktorkombinationen zum Ausdruck kommende Kompromißverhalten der Versuchspersonen läßt sich direkt für die Produktgestaltung umsetzen. So wird beispielsweise die Markteinführung des Shampoos G3N zu keinem wesentlich anderen Präferenzverhalten der Verbraucher führen, als wenn diese das Shampoo G1N kaufen könnten[23]. Selbst eine Variation innerhalb der Faktorstufen "blau", "grün", Duft 1, Duft 3, Natur- und Pflegekonzept wird in der Präferenzbeurteilung der Verbraucher nicht wesentlich ins Gewicht fallen, sind doch die Gesamtpräferenzwerte aller möglichen Kombinationen dieser Ausprägungsstufen relativ ähnlich.

Der Produktgestalter kann bei Sicherung eines vergleichbaren Gesamtpräferenz-Niveaus für eine Anzahl verschiedener Produktkonzeptionen wie in diesem Fall weitere Entscheidungsparameter der Produktgestaltung in den Beurteilungsprozeß einfliessen lassen. Denkbar ist die Berücksichtigung finanzieller oder technischer

---

[22] Vgl. Tab. 14 im Anhang.
[23] Vgl. ebenda.

Aspekte, wie etwa bei der Auswahl des kostengünstigeren oder anwendungstechnisch unkomplizierteren Duftstoffes.

Allgemeingültige Aussagen über die Präferenzwirkung von Düften sind anhand der Ergebnisse dieser Studie nicht möglich, sieht man davon ab, daß die Duftwahrnehmung innerhalb der Geschlechter unterschiedlich ausgeprägt ist.

Die relativ geringe Bedeutung des Faktors Duft läßt sich auf verschiedene Faktoren zurückführen. Da ist die Tatsache zu nennen, daß sich das gewählte Beurteilungsobjekt nicht unbedingt zur Präferenzanalyse von Düften eignet. Diese Vermutung wird durch die Stärke der Verzerrungseffekte gestützt, die sich bei der verbalen Erhebung von Präferenzbeurteilungen im Vergleich zur indirekten Erhebung über die CA zeigen (s.u.).

Ein weiterer Grund für die niedrigen Teilnutzenwerte der Duftalternativen ist in gewissen Mängeln des Erhebungssets und der Erhebungssituation zu sehen. In besonderem Maße scheint die Beurteilungsqualität durch die zu hohe Zahl zu testender Düfte beeinflußt worden zu sein.

Auch die aggregierte Betrachtung der CA-Daten ist in gewisser Weise dafür verantwortlich, daß ein dem Stellenwert von Düften für die Präferenzbildung nicht adäquates Untersuchungsergebnis vorliegt. Aufgrund der Durchschnittsbildung werden uneinheitliche Evaluierungstendenzen der Versuchspersonen nivelliert, darunter eine bei Individualauswertung sehr deutliche Präferenzausrichtung fast der Hälfte der Versuchspersonen auf den Faktor Duft.

Diese Tatsache verdeutlicht, daß die Duftsensibilität der Verbraucher eine individuell sehr unterschiedlich ausgeprägte, im Einzelfall jedoch auch sehr anspruchsvolle Eigenschaft darstellt. Die in dieser Studie vorgenommene Segmentierung nach Geschlecht beruht auf Präferenzdaten, die die CA auf Durchschnittswerte reduziert hat. Damit wird eine generelle Schwierigkeit in der Anwendung der CA für die Duftmarktforschung verschleiert, nämlich die, geeignete

Segmentierungskriterien zu finden, die die in der Zielgruppe vorhandenen Duftpräferenzen bestmöglich eingrenzt.

Interessant für die Präferenzanalyse der Shampoodüfte ist der Aspekt der Rationalisierung. Der Kauf eines Shampoos scheint sich bei vorwiegend emotionaler Entscheidung nach anderen Kriterien - erstaunlicherweise aber nicht nach dem olfaktorischen Eindruck - zu vollziehen, als bei rationaler Entscheidung. Diese

Tatsache scheint ein wichtiger Anknüpfungspunkt für die Marktkommunikation eines Shampoo-Herstellers zu sein. Eine Erklärungsmöglichkeit für die unterschiedliche Duftbeurteilung besteht darin, daß die Präferenzwirkung von Shampoodüften weniger in der Kaufsituation selbst, als vielmehr in der Verbrauchsphase und bei der Wiederkaufentscheidung eine Rolle spielt.

Im übrigen wird anhand der rationalisierenden Antworten zur isolierten Faktorbedeutung wieder deutlich, wie problematisch verbalisierte Erhebungsformen in der Duftmarktforschung einzustufen sind. Die isolierte Faktorwichtigkeit zeigt dermaßen stark von den indirekt erhobenen, kognitiv gering gesteuerten Antworten abweichende Ergebnisse, daß die Bedeutung der Conjoint-Analyse für die Duftmarktforschung nicht hoch genug eingeschätzt werden kann.

Anhang

Anhang 147

Abb. 2 : Bewertungsfunktionen stetiger und diskreter "characteristics"[1]

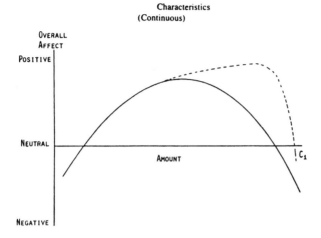

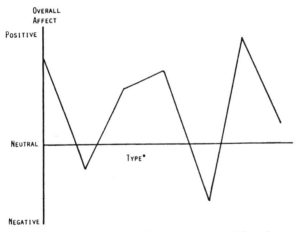

*E.g., different types or sizes of containers, different product colors or forms (liquid vs. solid).

---

[1] Quelle: Myers, J.H.; Shocker, A.D.; Attributes, S. 219 f.

Abb. 3 :   Empirische Befunde zur Bewertungsfunktion stetiger "characteristics"[2]

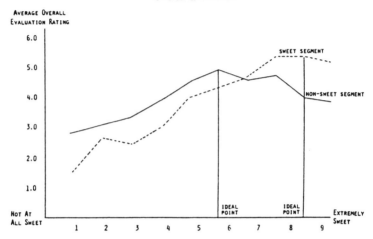

Zu beachten ist die Differenzierung der Produkteigenschaft "Süße" gemäß der beiden Orangensaftsegmente "süßer Saft" und "nicht süßer Saft", sowie die Wahl der Beurteilungsitems, die im Falle des Statements "extremely sweet" nicht hoch genug sind, um zu negativen Bewertungen zu führen.

---

[2]   Quelle: Myers, J.H.; Shocker, A.D.; Attributes, S. 223.

Abb. 4 : Bewertungsfunktionen für "benefits" und "imagery"[3]

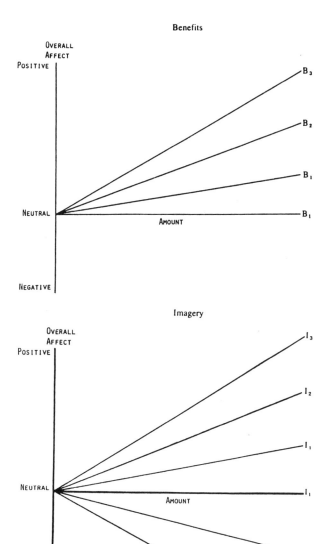

[3] Quelle: Myers, J.H.; Shocker, A.D.; Attributes, S. 221 f.

150 Anhang

Abb. 5 :   Empirische Befunde zur Bewertungsfunktion für "benefits"[4]

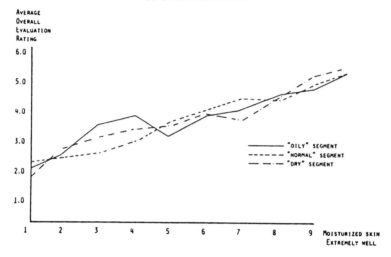

---

[4]   Quelle: Myers, J.H.; Shocker, A.D.; Attributes, S. 223.

Abb. 13 : Vom theoretischen Begriff zum Skalenwert[5]

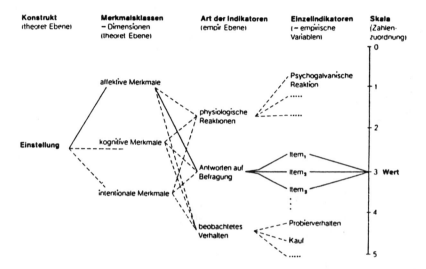

Anmerkung: Die durchgezogenen Verbindungslinien kennzeichnen Zuordnungen bei der eindimensionalen Einstellungsmessung nach *Likert*.

---

[5] Quelle: Kroeber-Riel, W.; Konsumentenverhalten, S. 183 in Anlehnung an Friedrichs (1973, S. 164).

152 Anhang

Abb. 15 :   Microcent - Duftbeschichtung[6]

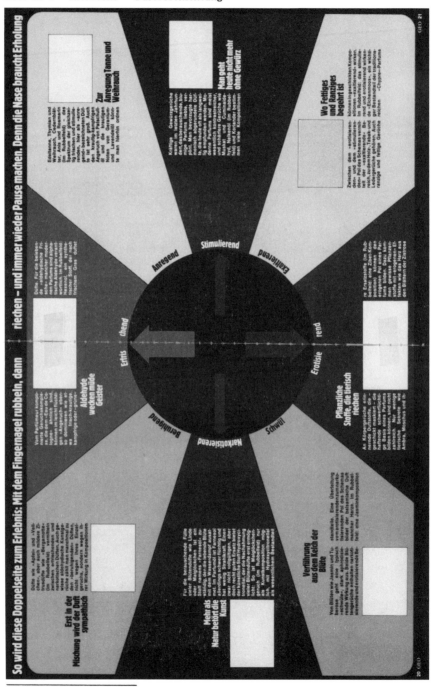

[6] Quelle: Mechsner, F.: Immer der Nase nach, in: GEO, Nr. 4, April 1987, S. 20 - 21.

Abb. 16 :   Ablaufschema einer Conjoint - Analyse[7]

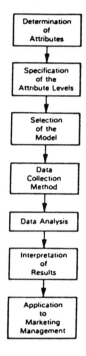

A Flow Chart of the Research Design of a Conjoint Measurement Application.

---

[7] Quelle: Anttila, M.; v.d. Heuvel, R.R.; Möller, K.; Conjoint Measurement; in: European Journal of Marketing, Vol. 14, No. 7, 1980, S. 403

Abb. 18 : Erhebungsbogen zur Pilotstudie

Shampoo-Studie

1) Ich möchte Dir ein neues Shampoo vorstellen.

   Vorlage der Produktbeschreibung lesen lassen

   Für das neue Shampoo mit den eben gelesenen Eigenschaften hat der Hersteller verschiedene Produktkonzeptionen entwickelt. Bitte prüfe die Shampoos sorgfältig und achte dabei besonders auf den äußeren Farbeindruck des Produktes, den Shampooduft und die auf der Flasche befindliche Konzeptbeschreibung.
   Nimm an, die Shampoos wären bereits im Handel erhältlich. Deine Aufgabe besteht darin, dasjenige Shampoo auszuwählen, für dessen Kauf Du Dich entscheiden würdest. Danach sollst Du beschreiben, welches Shampoo Du auswählen würdest, wenn es das von Dir favourisierte Shampoo nicht gäbe. Am Ende der Beurteilung mußt Du eine Rangreihe von 1 bis 9 gelegt haben.
   Um den Auswahlvorgang nach den drei Kriterien Farbe, Duft und Konzeptbeschreibung einfacher zu gestalten, empfehle ich Dir, Deine Entscheidung spontan vorzunehmen und die Produkte sogleich in die drei akzeptablen, die drei inakzeptablen und die drei mittleren Produkte zu gruppieren. Am Ende kannst Du eine Feinabstimmung vornehmen.

   Rotiert vorgeben, prüfen lassen und Rangreihe bilden lassen

   B1A C2A C1N B2N V3M
   □   □   □   □   □
   V1P C2P B3P
   □   □   □

2) Wenn Du Dich nun auf die drei Entscheidungsfaktoren beim Kauf eines Shampoos, also Farbe, Duft und Konzeptbeschreibung konzentrierst!
   Wie wichtig ist Dir jeder der Faktoren beim Kauf eines Shampoos, wenn Du die Wichtigkeit auf einer Skala von 1 (unwichtig) bis 7 (wichtig) einordnen müßtest?

   Skalenwerte nennen lassen, Alter der VP und Marke des derzeitig benutzten Shampoos eintragen

   Farbe   1 2 3 4 5 6 7

   Duft   1 2 3 4 5 6 7

   Konzept 1 2 3 4 5 6 7

   m □   Alter □

   w □   Shampoo _____

Abb. 19 : Produktbeschreibung

Produktbeschreibung

Auf dem deutschen Haarpflegemarkt gibt es bislang kein Shampoo, das den hohen Anforderungen selbstbewußter Verbraucher im Alter von 20 bis 30 Jahren gerecht wird.

Das neue Shampoo ist unter Mitarbeit junger Wissenschaftler entwickelt worden, um diese Lücke zu füllen.
Es besteht zu 100% aus hautverträglichen Inhaltsstoffen bei einem idealen pH-Wert von 5.5 . Das garantiert milde Reinigung und den sicheren Schutz des Säureschutzmantels von Haut und Haar bei der täglichen Haarwäsche.
Das Shampoo ist äußerst sparsam in der Anwendung.
Alle Substanzen des Shampoo sind natürlich umweltfreundlich abbaubar.
Die modern geformte Shampoo-Flasche kann umweltgerecht vernichtet werden.

Mit diesem neuen Shampoo liegt erstmalig ein auf die spezifischen Bedürfnisse Ihrer Generation abgestimmtes Haarpflegemittel vor!

Abb. 20 : Gesamtfaktorenbedeutung in aggregierter und nach Geschlecht getrennter Betrachtung

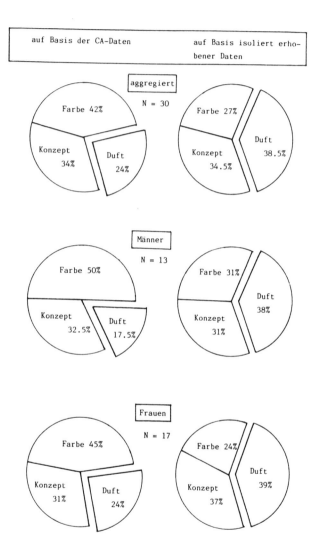

Abb. 22 : Individualanalyse der Rangdaten einer Versuchsperson

1) Eingabedaten sind die bestimmte Faktorkombinationen repräsentierenden Rangdaten der Versuchsperson, angeordnet nach Maßgabe des fraktionierten faktoriellen Designs des Erhebungssets (1).

Der Computer sucht iterativ nach einem additiven Verknüpfungsmodell, das die empirischen Faktorrelationen bestmöglich wiedergibt (2).

2) Die relative Bedeutung der Faktorausprägungen kann durch direkten Vergleich der Teilnutzenwerte, die Bedeutung der Gesamtfaktoren durch Errechnen der Spannweite der Teilnutzenwerte ihrer Ausprägungsstufen ermittelt werden (hier: Faktor A: Farbe 12 %, Faktor B: Duft 52 %, Faktor C: Konzept 36 %) (3).

3) Durch Addition der Teilnutzenwerte einer Faktorkombination erhält man den Gesamtpräferenzwert für dieses Produkt (4). Es läßt sich das Kompromißverhalten der Versuchsperson anhand der Aufstellung der Gesamtpräferenzwerte aller im Erhebungsset möglichen Faktorkombinationen analysieren. In diesem Fall wird deutlich, daß das Auswahlverhalten der Versuchsperson v.a. durch den Duft 1, durch die Farbe "weiß" in höherem Maße als durch die Farbe "blau" und durch das Naturkonzept in höherem Maße als durch das Pflegekonzept bestimmt wird. "Hitliste" der Shampoos für diese Versuchsperson: 1) WIN, 2) BIP, 3) BIN, 4) BIP, und 5) WZN.

INPUT MATRIX

1)
```
5 0
0 4
6 1
7 8
0 0
0 0
0 6
2 0
```

```
         + A    + B    + C
Model
```

2)
```
ITER      MAG                          STRESS
 1     .9886-001                    .98538661
 2     .3037+000                    .86598188
 3     .4702+000                    .41372911
 4     .3997+000                    .04100529
```

```
         + A    + B    + C          ALPHA
Model                             .2000000
                                  .4001716
                                  .4421515
                                  .0565756
```

FINAL SOLUTION

```
         + A    + B    + C
Model
```

SOLUTION

```
       .618                    .338      .830
A     1.574                   1.160    -.609
B     -.085                   1.411    1.273
C
```

```
      A1      A2      A3      B       C
```

4)
```
2.108   1.827   2.320   1   1
1.694   1.413   1.906   2   1
-.076   -.356   -.136   3   1
3.603   3.323   3.815   1   2
3.189   2.909   3.401   2   2
1.420   1.132   1.632   3   2
3.465   3.185   3.677   1   3
3.051   2.771   3.263   2   3
1.282   1.002   1.494   3   3
```

158 Anhang

Abb. 23 : Faktorbedeutung der Ausprägungsstufen in aggregierter und nach Geschlecht getrennter Betrachtung in Teilnutzenwerten

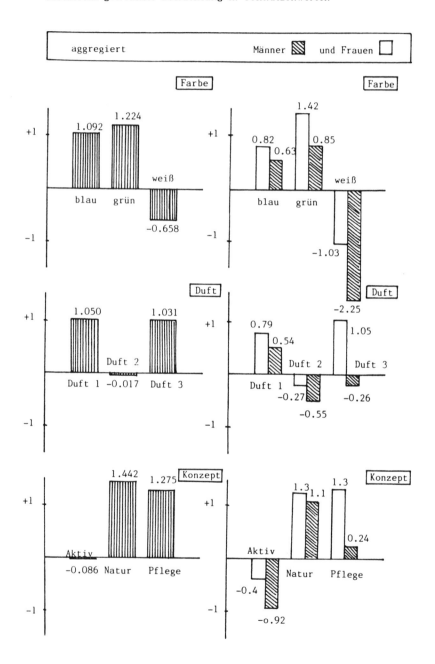

Tab. 3 :   Definition der Eigenschaftskategorien[8]

Definitions		
CHARACTERISTICS	BENEFITS	IMAGERY
PHYSICAL PROPERTIES OF PRODUCT	WHAT PRODUCT WILL DO FOR *USER*	HOW PRODUCT REPRESENTS USER TO *OTHERS* OR SELF
DEFINE INTRINSIC PRODUCT	EVIDENT FROM CONSUMPTION/USE	ASSOCIATED WITH PRODUCT THROUGH PROMOTION/USE
PRIMARILY OBJECTIVE	PRIMARILY SUBJECTIVE	SUBJECTIVE
DESCRIPTIVE ONLY	INSTRUMENTAL PROPERTIES	EXPRESSIVE PROPERTIES
NON-MONOTONIC (TYPICALLY UNIMODAL) AFFECT	MONOTONICALLY INCREASING AFFECT	UNCERTAIN AFFECT

---

[8]   Quelle: Myers, J.H.; Shocker, A.D.; Attributes, S. 214.

Tab. 4 : Vergleichende Übersicht der Operationalisierungen der Komponenten in Präferenzmodellen[9]

Modell-bezeichnung	Eindruck (kognitive Komponente)	Bedeutungsgewicht (motivationale/affektive Komponente)
Rosenberg	perceived instrumentality Eindruck/Vorstellung über die Eignung der Marke j zur Förderung des Zieles i Durch die Automarke xy ergibt sich eine vollständige Verhinderung ⊢———⊣ vollständige Zielerreichung der Zielerreichung	value importance Wertwichtigkeit eines Zieles i Der Wert/das Ziel "Sicherheit" ist schlecht ⊢———⊣ gut
Fishbein	strength of belief Wahrscheinlichkeit inwieweit die Marke j die Eigenschaft i besitzt Automarke xy ist sicher sehr unwahrscheinlich ⊢———⊣ sehr wahrscheinlich	evaluative aspect Bewertung der Eigenschaft i Die Eigenschaft "Sicherheit" beim Auto ist schlecht ⊢———⊣ gut
adequacy-importance	belief Eindruck/Vorstellung, in welchem Ausmaß Eigenschaft i an der Marke j vorhanden ist Automarke xy ist nicht sicher ⊢———⊣ sicher	importance (prominence) Wichtigkeit der Eigenschaft i Die Eigenschaft "Sicherheit" beim Auto ist nicht wichtig ⊢———⊣ sehr wichtig
adequacy-value	belief wie beim "adequacy-importance"-Modell	value wie der "evaluative aspect" im Fishbein-Modell

[9] Quelle: Freter, H.; Einstellungsmodelle, S. 167.

Tab. 5 :   Ausschnitt einer Descriptorenliste für Spülmittel[10]

Washing-Up Liquid-Fragrance Map
Descriptor List (Ausschnitt)

A. Adjectives*

1. Heavy
2. Cheap
3. Strong
4. Natural
5. Fresh
6. Sparkling
7. Clean
8. Mild/Gentle
9. Healthy
10. Pungent
11. Grease-cutting
12. Lathery/Foamy
13. Smooth
14. Rich/Concentrated

B. Nouny Adjectives*

15. Spicy
16. Flowery
17. Citrus
18. Fruity
19. Grassy
20. Medicinal
21. Herby
22. Acidic
23. Chemical
24. Powdery
25. Woody/Pencils
26. Animals
27. Greasy/Oily

* Note : The category titles were not shown on the actual cards used.

---

[10]   Quelle: Alan Frost Associates - Colgate, Fragrance Mapping, Juli 1979, S. 13.

Tab. 6 :   Fragrance Dictionary and Descriptor Dictionary[11]

Fragrance Dictionary

For 1.PEACH

The following are the most similar (Ausschnitt):

5. WOODY MOSSY	at a distance of 853
39. ORIENTAL	at a distance of 886
4. MARINE	at a distance of 916
40. APPLE	at a distance of 988
15. GREEN FRESH	at a distance of 1023
The nearest fragrances	Inter-item distances (the smaller the distance, the closer the items)

The following are most appropriate (Ausschnitt):

57. SHAMPOO	with 85% ticking
10. FRUITY	with 77% ticking
12. LATHERY/FOAMY	with 70% ticking
2. CHEAP	with 65% ticking
1. HEAVY	with 62% ticking
The most appropriate descriptors	Percentage of respondents associating the descriptor with the fragrance

Descriptor Dictionary

For 14.RICH/CONCENTRATED

The following are the most similar (Ausschnitt):

3. STRONG	at a distance of 591
33. GREEN	at a distance of 727
37. EFFICIENT	at a distance of 817
21. HERBY	at a distance of 819
1. HEAVY	at a distance of 827
The most similar descriptors	Inter-item distances (the smaller the distance, the closer the items)

The following are most appropriate (Ausschnitt):

47. ALDEHYDIC PINE	with 90% ticking
23. SWEET FOUGERE	with 80% ticking
11. LEMON COLOGNE FANT.	with 75% ticking
13. LAVENDER	with 75% ticking
25. GERANIUM BOURBON	with 75% ticking
The most appropriate fragrances	Percentage of respondents associating the fragrance with the descriptor

---

[11] Quelle: Alan Frost Associates – Colgate, Fragrance Mapping, Juli 1979, S. 19 f.

Tab 7 :   Kosmetik - Verordnung vom 16.12.1977 (§§ 1 - 5)

Kosmetik - Verordnung vom 16. Dezember 1977 (§§ 1 - 5)

Auf Grund des § 25 Abs. 2 Nr. 1 in Verbindung mit § 25 Abs. 1 des Lebensmittel- und Bedarfsgegenständegesetzes vom 15. August 1974 (BGBl. I S. 1945, 1946), der durch Artikel 6 Nr. 3 des Gesetzes vom 24. August 1976 (BGBl. I S. 2445) geändert worden ist, sowie des § 26 Abs. 1 Nr. 3 in Verbindung mit § 32 Abs. 1 Nr. 1, 2, 4, 5, 8 und 9 Buchstaben a und b und des § 29 Nr. 1 des Lebensmittel- und Bedarfsgegenständegesetzes wird im Einvernehmen mit dem Bundesminister für Wirtschaft,

auf Grund des Artikels 4 Abs. 1 Nr. 6 und Abs. 2 des Gesetzes zur Gesamtreform des Lebensmittelrechts vom 15. August 1974 (BGBl. I S. 1945) im Einvernehmen mit den Bundesministern der Finanzen und für Wirtschaft,

auf Grund des Artikels 4 Abs. 1 Nr. 11 des Gesetzes zur Gesamtreform des Lebensmittelrechts im Einvernehmen mit dem Bundesminister für Wirtschaft sowie

auf Grund des § 65 Abs. 3 Nr. 3 Satz 2 des Arzneimittelgesetzes 1961 in der im Bundesgesetzblatt Teil III, Gliederungsnummer 2121-50-1, veröffentlichten bereinigten Fassung, der durch Artikel 1 Nr. 2 des Gesetzes vom 15. September 1969 (BGBl. I S. 1625) eingefügt und durch Artikel 19 Nr. 2 des Gesetzes vom 23. Juni 1970 (BGBl. I S. 805) geändert worden ist,

mit Zustimmung des Bundesrates verordnet:

§ 1
Allgemein verbotene Stoffe

Die in Anlage 1 aufgeführten Stoffe dürfen bei dem gewerbsmäßigen Herstellen oder Behandeln von kosmetischen Mitteln nicht verwendet werden. Zulässig ist jedoch die Verwendung dieser Stoffe als Hilfsstoffe, sofern sie aus dem kosmetischen Mittel vollständig oder soweit entfernt werden, daß sie darin nur als technisch unvermeidbare und technologisch unwirksame Reste in gesundheitlich unbedenklichen Anteilen enthalten sind.

§ 2
Eingeschränkt zugelassene Stoffe

(1) Bei dem gewerbsmäßigen Herstellen oder Behandeln von kosmetischen Mitteln dürfen die in Anlage 2 enthaltenen Stoffe nur mit den in den Spalten c und e der Anlage genannten Beschränkungen verwendet werden. Soweit in Anlage 2 Stoffe aufgeführt sind, die der Verschreibungspflicht nach den §§ 48 und 49 des Arzneimittelgesetzes vom 24. August 1976 (BGBl. I S. 2448) unterliegen, werden sie für die in Anlage 2 bezeichneten Verwendungs- und Anwendungsgebiete zugelassen. Die in den Sätzen 1 und 2 genannten Verwendungsbeschränkungen gelten nicht, soweit die Stoffe entsprechend § 1 Satz 2 als Hilfsstoffe verwendet werden. Die in Anlage 2 Teil C aufgeführten Stoffe dürfen nur bis zum 1. August 1979 verwendet werden.

(2) Der Gehalt an den in Anlage 2 aufgeführten Stoffen in kosmetischen Mitteln darf die in Spalte d der Anlage angegebenen Höchstmengen nicht überschreiten.

(3) Die in Anlage 2 aufgeführten Stoffe müssen den in Spalte e der Anlage angegebenen Reinheitsanforderungen entsprechen, wenn sie beim gewerbsmäßigen Herstellen kosmetischer Mittel verwendet werden.

§ 3
Farbstoffe

(1) Bei dem gewerbsmäßigen Herstellen oder Behandeln von kosmetischen Mitteln, die zur Verwendung im Bereich der Augen, für die Lippen, die Mundhöhle oder die Intimpflege bestimmt sind, dürfen nur die in Anlage 3 aufgeführten Farbstoffe verwendet werden. Dabei sind die in Spalten e und f der Anlage angegebenen Verwendungsbeschränkungen zu beachten.

(2) Der Gehalt an den in Anlage 3 aufgeführten Farbstoffen in den in Absatz 1 genannten kosmetischen Mitteln darf die in Spalte f der Anlage angegebenen Höchstmengen nicht überschreiten.

(3) Die in Anlage 3 aufgeführten Farbstoffe müssen den in Spalte g der Anlage angegebenen Reinheitsanforderungen entsprechen, wenn sie beim gewerbsmäßigen Herstellen von in Absatz 1 genannten kosmetischen Mitteln verwendet werden.

(4) Bei dem gewerbsmäßigen Herstellen oder Behandeln von kosmetischen Mitteln mit einer längeren Verweildauer auf der Haut, die nicht dazu bestimmt sind, mit den Schleimhäuten in Berührung zu kommen, dürfen nur die in den Anlagen 3 und 4 genannten Farbstoffe verwendet werden.

(5) Bei dem gewerbsmäßigen Herstellen oder Behandeln von kosmetischen Mitteln, die nur kurz mit der Haut in Berührung kommen, dürfen nur die in den Anlagen 3, 4 und 5 genannten Farbstoffe verwendet werden.

(6) Die Verwendung der in der Anlage 3 Teil B und in den Anlagen 4 und 5 genannten Farbstoffe ist nur bis zum 1. August 1979 gestattet.

(7) Die Absätze 1 bis 6 gelten nicht für kosmetische Mittel, die zur Verwendung als Haarfärbe- oder Haartönungsmittel bestimmt sind.

§ 4

Angaben zum Schutz der Gesundheit

(1) Kosmetische Mittel dürfen gewerbsmäßig nur in Verkehr gebracht werden, wenn auf ihren Packungen oder Behältnissen die Nummer des Herstellungspostens oder ein Kennzeichen angegeben ist, die eine Identifizierung der Herstellung ermöglichen; sollte dies wegen der geringen Abmessungen kosmetischer Mittel praktisch unmöglich sein, so braucht ein solcher Hinweis nur auf der Außenverpackung dieser Mittel zu stehen.

(2) Kosmetische Mittel dürfen ferner gewerbsmäßig nur in den Verkehr gebracht werden, wenn auf ihren Behältnissen folgende Angaben angebracht sind:
1. die in Spalte f der Anlage 2 hinsichtlich bestimmter Stoffe vorgesehenen Angaben, wenn die kosmetischen Mittel diese Stoffe enthalten;
2. sonstige Anwendungsbedingungen und Warnhinweise, soweit diese erforderlich sind, um eine Gefährdung der Gesundheit durch andere als in Anlage 2 aufgeführte Stoffe zu verhüten, die in den kosmetischen Mitteln enthalten sind.

Kann der volle Wortlaut der Angaben aus praktischen Gründen auf den Behältnissen nicht angebracht werden, so müssen diese Angaben auf der Verpackung oder einer Packungsbeilage enthalten sein; außerdem muß in diesem Fall ein verkürzter Hinweis auf die Angaben auf dem Behältnis stehen.

(3) Die Angaben nach den Absätzen 1 und 2 sind unverwischbar, gut leserlich und deutlich sichtbar in deutscher Sprache zu machen.

§ 5

Kennzeichnung

Kosmetische Mittel dürfen gewerbsmäßig nur in den Verkehr gebracht werden, wenn auf ihren Packungen oder Behältnissen außer der in § 28 des Lebensmittel- und Bedarfsgegenständegesetzes vorgeschriebenen Kennzeichnung und den Angaben nach § 4 unverwischbar, gut leserlich und deutlich sichtbar in deutscher Sprache angegeben sind:

1. der Nenninhalt zur Zeit der Abfüllung,
2. das Verfalldatum bei Erzeugnissen mit einer Haltbarkeit von weniger als drei Jahren.

Quelle: Bundesgesetzblatt Nr. 86 - Tag der Ausgabe: Bonn, den 21. Dezember 1977, S. 2589 - 2590.

Tab. 8 : Kontrolliste für das Parfümbriefing[12]

1. Produktkategorie

2. Produktzusammenstellung
   (A) wässerig, alkoholisch, Emulsion, Aerosol etc.
   (B) pH
   (C) chemisch aktive Bestandteile, die mit dem Parfüm reagieren könnten (Oxydantien, hochungesättige Verbindungen, Metallionen, Formaldehyd-abspaltende Körper etc.)
   (D) Riechende Bestandteile, die das Parfüm beeinträchtigen könnten.

3. Verpackung
   (A) Material der innersten Verpackung, Verschluß.
   (B) Art der äußeren Packung, Einwickler etc.

4. Fabrikationsverhältnisse
   (A) Zusatz-, bzw. Mischungsvorgang des Parfüms in das Produkt.
   (B) Maximumtemperatur, welcher das Parfüm ausgesetzt wird und Dauer dieses Aussetzens.

5. Verhältnisse beim Lagern und Versand des Produktes
   Temperatur und Dauer des Aussetzens

6. Verhältnisse beim Gebrauch des Produktes
   Wie wird es verteilt, wie ist es gelöst; Körperstellen, mit denen das Produkt in Kontakt kommen kann, usw.

7. Anforderungen an Stabilität
   Minimum Lagerfähigkeit

---

[12] Quelle: Jellinek, J.S.; Parfümieren, S. 120

8. Haltbarkeitstest-Methode
   (A) Herstellung der Muster
   (B) Testbedingungen
   (C) Beurteilung (Geruchsveränderung, sichtbare Veränderungen, Ausfällungen usw.)

9. Erfordernisse für Kommunikation
   (A) Zielgruppe: Land, Landesabschnitt, Altersgruppe, Einkommensklasse etc.
   (B) Produktimage: Charakteristika, die das Produkt von Konkurrenz unterschieden.
   (C) Spezielle Kommunikationsaufgabe der Parfümierung.

10. Empfohlene Parfümtypen

11. Preisrichtlinien
    (A) Maximumskosten per ... des Fertigproduktes.
    (B) Empfohlene Preisspannen im Fall von mehreren Angeboten.

12. Schätzung des voraussichtlichen Parfümverbrauchs
    Geschätzter Produktumsatz

13. Erfolgsaussichten des Lieferanten
    (A) Anzahl der Konkurrenzfirmen
    (B) Eigenes Parfümlaboratorium
    (C) Entwicklungsstadium des Projektes

14. Erfordernisse für Angebot
    (A) Schlußtermin für Einsendung
    (B) Musterform (Fertigprodukt, Alterung etc.)

Tab. 9 : Kosmetik- und Körperpflegemittelproduktion in der Bundesrepublik Deutschland 1985[13]

Warenbereich	Produktionswert in Mio. DM	in Prozent
Haarpflege	1864,9	28,4
Hautpflege	1292,1	19,7
Zahn- und Mundpflege	726,7	11,0
Bade- und Duschzusätze	527,8	8,0
Duftwässer und Parfums	483,6	7,3
davon: Duftwässer*)	355,5	5,4
Parfums	128,1	1,9
Dekorative Kosmetik	411,8	6,3
Seifen	386,7	5,9
Deodorants	360,7	5,5
Herrenpflege	200,2	3,0
Sonnenschutz	142,0	2,2
Sonstiges	176,4	2,7
Summe	6572,9	100,0

*) einschließlich Gesichtswässer

[13] Quelle: Parfümerie aktuell, Nr. 5, Sept./Okt.1986, S. 66.

Tab. 10 : Marktvolumen "Düfte" in der Bundesrepublik Deutschland 1980-1985[14]

Kalenderjahr	Marktvolumen* in Mio. DM	Veränderung gegenüber dem Vorjahr	
		in Mio. DM	in Prozent
1980	417,0	–	–
1981	406,9	– 10,1	– 2,4
1982	412,0	+ 5,1	+ 1,3
1983	450,2	+ 38,2	+ 9,3
1984	504,9	+ 54,1	+ 12,0
1985	575,1	+ 70,8	+ 14,0

*) Produktion – Exporte + Importe

[14] Quelle: Parfümerie aktuell, Nr. 5, Sept./Okt.1986, S. 66.

Tab. 11 : Bedeutung der Herrenkosmetik innerhalb des Gesamtmarktes "Körperpflege und Kosmetik" in der Bundesrepublik Deutschland 1976-1985[15]

Kalender- jahr	Gesamtmarkt Körperpflege und Kosmetika Umsatz in Mio. DM	Herrenkosmetik Umsatz in Mio. DM	Herrenkosmetik Anteil am Gesamt- markt in %	Veränderung gegenüber dem Vorjahr in %
1976	6 490	360	5,6	+ 12,5
1977	6 954	415	6,0	+ 15,3
1978	7 349	465	6,3	+ 12,0
1979	7 521	475	6,3	+ 2,2
1980	7 894	523	6,6	+ 10,1
1981	8 342	559	6,7	+ 6,9
1982	8 670	554	6,4	- 0,9
1983	9 105	590	6,5	+ 6,5
1984	9 604	644	6,7	+ 9.2
1985	10 061	703	7,0	+ 9,2
Veränderung 1985 zu 1976	+ 55,0 %			+ 95,3

---

[15] Quelle: Parfümerie aktuell, Nr. 5, Sept./Okt. 1986, S. 33.

Tab. 13 : Rangdaten in Durchschnittsbetrachtung (insgesamt und nach Geschlecht getrennt)

Farbe	Duft	Konzept	Code	Durchschnittsrang, gesamt
grün	1	Natur	G1N	4.05
blau	2	Natur	B2N	4.075
grün	2	Pflege	G2P	4.2
grün	3	Aktiv	G3A	4.575
blau	1	Aktiv	B1A	5.1
blau	3	Pflege	B3P	5.1
weiß	3	Natur	W3N	5.5
weiß	1	Pflege	W1P	5.65
weiß	2	Aktiv	W2A	6.675

Farbe	Duft	Konzept	Code	Durchschnittsrang, Männer
blau	2	Natur	B2N	3.75
blau	1	Aktiv	B1A	3.8
grün	1	Natur	G1N	4.2
grün	2	Pflege	G2P	4.4
grün	3	Aktiv	G3A	4.75
weiß	3	Natur	W3N	5.5
blau	3	Pflege	B3P	5.9
weiß	1	Pflege	W1P	6.0
weiß	2	Aktiv	W2A	6.75

Farbe	Duft	Konzept	Code	Durchschnittsrang, Frauen
grün	1	Natur	G1N	3.9
grün	2	Pflege	G2P	4.0
blau	3	Pflege	B3P	4.3
grün	3	Aktiv	G3A	4.4
blau	2	Natur	B2N	4.5
weiß	1	Pflege	W1P	5.4
weiß	3	Natur	W3N	5.5
blau	1	Aktiv	B1A	6.4
weiß	2	Aktiv	W2A	6.6

Tab. 14 : Gesamtpräferenzwerte der 27 Stimulikombinationen (aggregiert und nach Geschlecht getrennt)

Rang	Code	Gesamtnutzenwert	getestet
1	G1N	3.716	*
2	G3N	3.697	
3	B1N	3.584	
4	B3N	3.564	
5	G1P	3.549	
6	G3P	3.530	
7	B1P	3.417	
8	B3P	3.398	*
9	G2N	2.649	
10	B2N	2.517	*
11	G2P	2.482	*
12	B2P	2.350	
13	G1A	2.189	
14	G3A	2.169	*
15	B1A	2.056	*
16	B3A	2.037	
17	W1N	1.834	
18	W3N	1.815	*
19	W1P	1.667	*
20	W3P	1.648	
21	G2A	1.122	
22	B2A	0.989	
23	W2N	0.767	
24	W2P	0.600	
25	W1A	0.307	
26	W3A	0.288	
27	W2A	−0.760	*

Männer

Rang	Code	Gesamtnutzenwert	getestet
1	G1N	2.498	*
2	B1N	2.280	
3	G3N	1.702	
4	G1P	1.627	
5	B3N	1.483	
6	B1P	1.408	
7	G2N	1.406	
8	B2N	1.188	*
9	G3P	0.830	
10	B3P	0.611	*

Frauen

Rang	Code	Gesamtnutzenwert	getestet
1	G3P	3.757	
2	G3N	3.729	
3	G1P	3.502	
4	G1N	3.474	*
5	B3P	3.163	*
6	B3N	3.135	
7	B1P	2.907	
8	B1N	2.879	
9	G2P	2.438	*
10	G2N	2.410	

Literaturverzeichnis

ALAN FROST ASSOCIATES - COLGATE: Fragrance Mapping, Untersuchungsbericht zu Geschirrspülmitteln, Juli 1979, S. 1 - 23.

ALTNER, H., BOECKH, J.: Geschmack und Geruch, in: R.F. Schmidt, G. Thews (Hrsg.): Physiologie des Menschen, 18 Aufl., Berlin u.a. 1976, S. 291 - 295.

ALTNER, H.: Physiologie des Geruchs, in: R.F. Schmidt (Hrsg.): Grundriß der Sinnesphysiologie, 3. Aufl., Berlin u.a. 1973.

ANALYSIS, INSTITUT FÜR MARKTFORSCHUNG GmbH: "Odor Evaluation Board", Deutschland, Informationsmappe, Frankfurt 1986.

ANDRITZKY, K.: (Konsumentenverhalten), Die Operationalisierbarkeit von Theorien zum Konsumentenverhalten, Berlin 1976.

ANTTILA, M., V.D. HEUVEL, R.R., MÖLLER, K.: (Conjoint Measurement), Con-joint Measurement for Marketing Management, in: European Journal of Marketing, Vol. 14, No. 7, 1980, S. 397 - 408.

AROMENVERORDNUNG vom 22.12.1981, abgedruckt im Bundesgesetzblatt Nr. 60 vom 30.12.1981.

ASCHENBRENNER, K.M.: (Komplexes Wahlverhalten), Komplexes Wahlverhalten: Ent-scheidungen zwischen multiattributen Alternativen, in: K.D. Hartmann, Koeppler, K. (Hrsg.), Fortschritte der Marktpsychologie, Bd. 1, Frankfurt 1977, S. 21 - 51.

BACKHAUS, K., ERICHSON, B., PLINKE, W., SCHUCHARD-FICHER, C., WEIBER, R.: Multivariate Analysemethoden, 4. Aufl., Berlin 1987.

BALLER, D.: Hier werden Parfümöle "haargenau" getestet, in: Haarmann & Reimer GmbH, Holzminden (Hrsg.): H & R Contact 27, o.J., S. 22 - 25.

BAUER, E.: (Produkttests), Produkttests in der Marketingforschung, Göttingen 1981.

BECKER, J.: Grundlagen der Marketing-Konzeption, 2. Auflage, München 1988.

BEHRENS, G.: Magnitudeskalierung, in: Forschungsgruppe Konsum und Verhalten (Hrsg.), Innovative Marktforschung, Würzburg 1983, S. 125 - 137.

BIDLINGMEIER, J.: Marketing, 9. Aufl., Opladen 1982.

BLEICKER, U.: (Produktbeurteilung), Produktbeurteilung der Konsumenten, Würzburg 1983.

BÖCKER, F.: (Präferenzforschung), Präferenzforschung als Mittel marktorientierter Unternehmensführung, in: ZfbF, Heft 7 + 8, 1986, S. 543 - 574.

BÖCKER, F.: Marketing, 2. Aufl., Stuttgart 1987.

BROCKHOFF, K.: Produktpolitik, Stuttgart 1981.

BROWN, T.: The Olfactory System, in: B. Scharf (Hrsg.): Experimental Sensory Psychology, Illinois 1975, S. 94 - 98.

BROWN, T.: Olfaction and Taste, in: B. Scharf (Hrsg.): Experimental Sensory Psy-chology, Illinois 1975, S. 187 - 214.

BUNDESGERICHTSHOF: Urteil vom 26.11.1968 - VIZR 212/66 (Düsseldorf), abgedruckt in: Neue Juristische Wochenschrift, 1969, 22. Jg., S. 269 - 276.

BUNDESGERICHTSHOF: Urteil vom 11.07.1972 - VIZR 194/70 (Stuttgart), abgedruckt in: Neue Juristische Wochenschrift, 1972, 25. Jg., S. 2217 - 2221.

BUSSE, E.: Die Rolle des Parfümöls im Produktkonzept, 1. Holzmindener Duftseminar, 29./30. April 1982, Haarmann & Reimer GmbH, Holzminden.

CAIN, W.S.: Chemosensation and Cognition, in: H. v.d. Starre (Hrsg.), Proceedings of the Seventh International Symposium on Olfaction and Taste and of the Fourth Congress of the European Chemoreception Research Organization, London 1980, S. 347 - 357.

EFSTATHIOU, J.: (Decision Making), Practical Multi-Attribute Decision Making and Fuzzy Set Theory, in: H.-J. Zimmermann, Zadeh, L.A., Gaines, B.R., (Hrsg.), Fuzzy Sets and Decision Analysis, Amsterdam 1984, S. 307 - 320.

EIBL-EIBESFELDT, I.: (Verhaltensforschung), Grundriß der vergleichenden Verhaltensforschung - Ethologie, 6. Auflage, München 1980.

EIBL-EIBESFELDT, I.: (Biologie), Die Biologie des menschlichen Verhaltens, 2. Aufl., München 1986.

ENGEN, T.: (Odors), The Perception of Odors, Series in Cognition and Perception, New York 1982.

FRETER, H.: (Einstellungsmodelle), Interpretation und Aussagewert mehrdimensionaler Einstellungsmodelle im Marketing, in: H. Meffert, Steffenhagen, H., Freter, H. (Hrsg.), Konsumentenverhalten und Information, Wiesbaden 1979, S. 163 - 184.

FRIEDRICHS, J.: (Sozialforschung), Methoden empirischer Sozialforschung, 12. Aufl., Opladen 1984.

GAINES, B.R., ZADEH, L.A., ZIMMERMANN, H.-J.: (Fuzzy Sets), Fuzzy Sets and Decision Analysis - A Perspective, in: H.-J. Zimmermann, Zadeh, L.A., Gaines, B.R. (Hrsg.), Fuzzy Sets and Decision Analysis, Amsterdam 1984, S. 3 - 7.

GIBBONS, B.: (Smell), The Intimate Sense of Smell, in: National Geographic, Vol. 170, No. 3, Sept. 1986, S. 324 - 361.

GREEN, P.E. SRINIVASAN, V.: (Conjoint Analysis), Conjoint Analysis in Consumer Research: Issues and Outlook, in: Journal of Consumer Research, Vol. 5, Sept. 1978, S. 103 - 122.

GREEN, P.E., TULL, D.S.: (Marktforschung), Methoden und Techniken der Marktforschung, 4. Aufl., Stuttgart 1982.

GREEN, P.E., WIND, Y.: (Consumers' Judgments), New Way to Measure Consumers' Judgments, in: Harvard Business Review, Vol. 53, No. 4, July-August 1975, S. 107 - 117.

GÜNTHER, W.-D.: Produzentenhaftung, in: Arbeitsgemeinschaft der Verbraucher und Deutscher Gewerkschaftsbund (Hrsg.): Handbuch des Verbraucherrechts vom 21.07.1980, Gruppe 60, Verbraucherschutz.

GUTENBERG, E.: Grundlagen der Betriebswirtschaftslehre, Der Absatz, 15. neubear. und erw. Aufl., Berlin u.a. 1976.

HALEY, R.J.: Benefit Segmentation: A Decision-oriented Research Tool, in: Journal of Marketing, Vol. 32, Nr. 3, July 1968, S. 30 - 35.

HAMANN, M.: Die Produktgestaltung, Rahmenbedingungen - Möglichkeiten - Optimierung, Würzburg - Wien 1975.

HANSEN, U., LEITHERER, E.: Produktgestaltung, Stuttgart 1972.

HARDER, U.: Einführung in die Parfümerie, unveröffentlichtes Manuskript, o.J., zur Verfügung gestellt von der Haarmann & Reimer GmbH, Holzminden.

HOSE, L.P., PIGGOTT, J.R.: (Descriptive Sensory Analysis), Descriptive Sensory Analysis of Scotch Whisky, in: H. v.d. Starre (Hrsg.), Proceedings of the Seventh International Symposium on Olfaction and Taste and of the Fourth Congress of the European Chemoreception Research Organization, London 1980, S. 449 - 450.

JELLINEK, J.S.: (Parfümieren), Parfümieren von Produkten, Heidelberg 1976.

JELLINEK, P.: Die psychologischen Grundlagen der Parfümerie, 3. Aufl., Heidelberg 1973.

KAPFERER, C., DISCH, W.: Absatzwirtschaftliche Produktpolitik, Köln-Opladen 1967.

KIRK-SMITH, M.D., BOOTH, D.A.: (Androsthenone), Effect of Androsthenone on Choice of Location in Other's Presence, in: H. v.d.Starre (Hrsg.), Proceedings of the Seventh International Symposium on Olfaction and Taste and of the Fourth Congress of the European Chemoreception Research Organization, London 1980, S. 397 - 400.

KNOBLICH, H.: Betriebswirtschaftliche Warentypologie, Köln-Opladen 1969.

KNOBLICH, H.: (Die typologische Methode), Die typlogische Methode in der Betriebswirtschaftslehre, in: WiSt Heft 4, April 1972, S. 141 - 147.

KONERT, F.-J.: (Erlebnis), Erlebnis im Mix, in: Absatzwirtschaft 3, 1986, S. 80 - 86.

KOPPELMANN, U.: Produktmarketing, Entscheidungsgrundlage für Produktmanager, 2., völlig neubearb. Aufl., Stuttgart u.a. 1987.

KOSMETIK-VERORDNUNG: (Verordnung über kosmetische Mittel) vom 16.12.1977, abgedruckt im Bundesgesetzblatt Nr. 86 vom 21.12.1977.

KOTLER, P.: Marketing-Management, Analyse, Planung und Kontrolle, 4., völlig neubearb. Aufl., Stuttgart 1982.

KROEBER-RIEL; W.: (Die inneren Bilder) der Konsumenten, in: Marketing ZFP, Heft 2, Mai 1986, S. 81 - 96.

KROEBER-RIEL, W.: Konsumentenverhalten, 3., wesentl. erw. Aufl. 1984.

KROEBER-RIEL, W.: Emotionale Werbung auf gesättigten Märkten, in: Werben & Verkaufen, Nr. 50, 11.12.1981, S. 12.

KROEBER-RIEL, W., MÖCKS, R., NEIBECKER, B.: (Wirkung von Duftstoffen), Zur Wirkung von Duftstoffen, Untersuchungsbericht des Institutes für Konsum- und Verhaltensforschung für die Firma Henkel (Düsseldorf), Universität des Saarlandes, Saarbrücken, 1982, S. 1 - 45.

LAING, D.G.: (Quantification), Quantification of Variability of Human Responses during Odor Perception, in: H. v.d. Starre (Hrsg.), Proceedings of the Seventh International Symposium on Olfaction and Taste and of the Fourth Congress of the European Chemoreception Research Organization, London 1980, S. 467 - 468.

MECHSNER, F.: Immer der Nase nach, in: GEO, Nr. 4, April 1987, S. 14 - 34.

MEFFERT, H.: Marketing. Grundlagen der Absatzpolitik (Mit Fallstudien, Einführung und Relaunch des Vw-Golf) 7., überarb. und erw. Aufl., Wiesbaden 1986.

MÖCKS, R.: (Wirkung von Duftstoffen), Zur Wirkung von Duftstoffen, Zweiter Forschungsbericht des Institutes für Konsum- und Verhaltensforschung für die Firma Henkel, Universität des Saarlandes, Saarbrücken, 1982, S. 1 - 56.

MONCRIEFF, R.W.: (Chemical Senses), The Chemical Senses, London 1967.

MOSKOWITZ, H.R., JACOBS, B.: (Product Optimization), Use of Microcomputers for Product Optimization, in: C.B. Warren, Walradt, J.P. (Hrsg.), Computers in Flavor and Fragrance Research, Washington, D.C.: American Chemical Society, 1984, S. 51 - 63.

MÜLLER, J.: Das H & R-Buch Parfüm, Aspekte des Duftes, Hamburg 1984.

MÜLLER-HAGEDORN, L., VORNBERGER, E.: (Grid-Methode), Die Eignung der Grid-Methode für die Suche nach einstellungsrelevanten Dimensionen, in: H. Meffert, Steffenhagen, H., Freter, H. (Hrsg.), Konsumentenverhalten und Information, Wiesbaden 1979, S. 185 - 207.

MUNDORF, H.: Die gute alte Zeit: Sie muß viel schlimmer gestunken haben als die Moderne, in: Handelsblatt, Nr. 205 vom 24./25.10.1986, S. 2.

MYERS, J.H., SHOCKER, A.D.: (Attributes), The Nature of Product-Related Attributes, in: J.N. Sheth (Hrsg.), Research in Marketing, Vol. 5, Greenwich 1981, S. 211 - 236.

NIESCHLAG, R., DICHTL, E., HÖRSCHGEN, H.: Marketing, 14., völlig neubearb. Aufl., Berlin 1985.

o.V.: Beim Duft ist noch Luft drin, in: Industriemagazin, August 1980, S. 64.

o.V.: Düfte liegen im Trend, in: Parfümerie aktuell, Nr. 5, Sept./Okt. 1986, S. 65 - 67.

o. V.: Dufte Kampagnen - Wie eine Marke korrespondiert, in: Absatzwirtschaft, Nr. 2/86, S. 62 - 64.

o. V.: Duftende Drucksachen: Eine neue, faszinierende Anwendung der Mikroverkapselung, o.J. und o.O., erhalten von Wanfried-Druck Kalden GmbH, Wanfried.

o. V.: FCKW-freie Spraydosen, in: Bundesministerium des Inneren (Hrsg.): Umwelt Sonderheft "Das Umweltzeichen" vom 16.01.1984.

o. V.: HANDELSBLATT Nr. 38 vom 24.02.1971, S. 6.

o. V.: H & R Duftatlas Herrennoten, Hamburg, 1985.

o. V.: Index Herrenkosmetik, in: Parfümerie aktuell, Nr. 6, Nov./Dez. 1986, S. 46 ff.

o. V.: Marktanalyse Herrenkosmetik: Männer pflegen sich immer mehr, in: Parfümerie aktuell, Nr. 6, Nov./Dez. 1986, S. 32 - 34.

o. V.: Parfum Brevier, in: Parfümerie aktuell, Nr. 5, Sept./Okt. 1986, S. 3, und S. 72-103.

o. V.: Wachstumsmarkt: Körperpflege/Kosmetik, Branchenbericht vom 23.07.1986, Commerzbank AG, Zentrale Abteilung Volkswirtschaft und Öffentlichkeitsarbeit.

PELZER, K.E.: Irradiation, in: W. Arnold, Eysenck, H. J., Meili, R. (Hrsg.), Lexikon der Psychologie, Bd. 2, Freiburg 1971, S. 232.

PESSEMIER, E. A.: Product Management, 2. Aufl., New York 1982.

PILZ, W.: Grundlagen der internationalen Selbstregulierung in der Riechstoffindustrie, in: Haarmann & Reimer GmbH, Holzminden (Hrsg.): H & R Contact 29, o. J., S. 12 - 19.

RAFFEE, H., SILBERER, G.: (Konsumenteninformation), Konsumenteninformation und Informationsverhalten von Konsumenten, in: H. Raffee, Silberer, G. (Hrsg.), Informationsverhalten des Konsumenten, Wiesbaden 1981, S. 19 - 26.

SCHÄFER, E., KNOBLICH, H.: (Marktforschung), Grundlagen der Marktforschung, 5. Aufl., Stuttgart 1978.

SCHANZ, G.: (Verhalten), Verhalten in Wirtschaftsorganisationen, München 1978.

SCHÖNFELD, K.-W.: FKW - freie Aerosolprodukte und ihre Parfümierung, in: Haarmann & Reimer GmbH, Holzminden (Hrsg.): H & R Contact 30, o.J., S. 20 - 25.

SCHWEIKL, H.: (Präferenzanalyse), Computergestützte Präferenzanalyse mit individuell wichtigen Produktmerkmalen, Berlin 1985.

SCHULZ, B.: Duftkompositionen, in: Frankfurter Allgemeine Zeitung Nr. 262 vom 11.11.1986, S. 88.

SHETH, J. N., RAJU, P. S.: (Wahlentscheidungen), Wahlentscheidungen und Prozeßmodelle des Informationsverhaltens von Konsumenten, in: H. Meffert, Steffenhagen, H., Freter H. (Hrsg.), Konsumentenverhalten und Information, Wiesbaden 1981, S. 147 - 159.

SILBERER, G.: (Informationsverhalten), Das Informationsverhalten des Konsumenten beim Kaufentscheid - Ein analytisch-theoretischer Bezugsrahmen, in: H. Raffee, Silberer, G. (Hrsg.), Informationsverhalten des Konsumenten, Wiesbaden 1981, S. 27 - 60.

SNODGRASS, J. G.: Psychophysics, in: B. Scharf, Reynolds, G. S. (Hrsg.), Experimental Sensory Psychology, Glenview 1975, S. 17 - 67.

SPIEGEL, B.: Werbepsychologische Untersuchungsmethoden, 2. Aufl., Berlin 1970.

SWAN, J. S., BURTLES, S. M.: (Integrated Sensory Analytical Methods), Quality Control of Flavour by the Use of Integrated Sensory Analytical Methods at Various Stages of Scotch Whisky Production, in: H. v.d. Starre (Hrsg.), Proceedings of the Seventh International Symposium on Olfaction and Taste and of the Fourth Congress of the European Chemoreception Research Organization, London 1980, S. 451 - 452.

TAJFEL, H.: (Social Cognition), Social Cognition, Perspectives on Everyday Understanding, London 1981.

THOMAS, L.: (Conjoint Measurement) Conjoint Measurement als Instrument der Absatzforschung, in: Marketing ZFP, Heft 3, Sept. 1979, S. 199 - 211.

URBAN, G. L., HAUSER, J. R.: (New Products), Design and Marketing of New Products, Englewood Cliffs 1980.

WEINBERG, P.: (Beobachtung), Beobachtung des emotionalen Verhaltens, in: Forschungsgruppe Konsum und Verhalten (Hrsg.), Innovative Marktforschung, Würzburg 1983, S. 45 - 62.

WIND, Y. J.: Product Policy, Reading Massachusetts 1982.

WUSTMANN, G.: Parfümeuer - ein Berufsbild, Sonderdruck aus Parfümerie und Kosmetik 56, Heidelberg 1975, S. 69 - 76.

WYSS, W.: Produktgestaltung, Eine Darstellung der Gestaltungsprobleme aus der Sicht des Unternehmers, Winterthur 1964.

ZUMA - Zentrum für Umfragen, Methoden und Analysen e.V., Mannheim, (Skalen), ZUMA-Handbuch Sozialwissenschaftlicher Skalen, Bonn 1983.